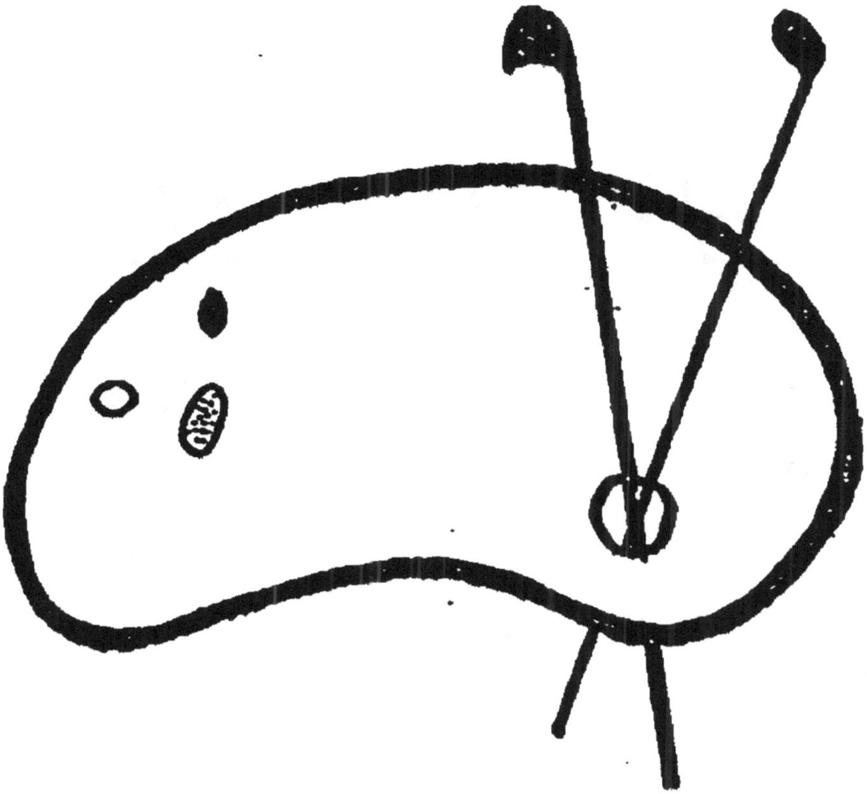

**COUVERTURE SUPERIEURE ET INFERIEURE
EN COULEUR**

**Abbé PERETTI**

Aumônier à l'Hôtel-Dieu, Paris

# PERPÉTUA

OU

QUELQUES MARTYRS DE CARTHAGE

A. TRALIN, ÉDITEUR
12, rue du Vieux-Colombier, 12
PARIS. VI<sup>e</sup>

1912
(Tous droits réservés)

Librairie A. TRALIN, 12, rue du Vieux-Colombier, PARIS (6ᵉ)

## CONDAMNÉES parce que CONDAMNABLES

### RÉSUMÉ DE QUARANTE-QUATRE INSTRUCTIONS SUR LE SYLLABUS
#### par l'abbé G. LENERT
##### CURÉ DE SAINT-NICOLAS DU CHARDONNET, A PARIS

1 vol. in-12, prix . . . . . . . . . . . 2 fr. 50

*Ouvrage précédé d'une lettre de M. le Comte de LAS CASES, Avocat à la Cour d'Appel de Paris, Sénateur de la Lozère.*

Utile à tout le monde, il rendra particulièrement service aux catéchistes, aux conférenciers et aux organisateurs de cercles d'études.

Il montre, par l'énoncé des lois et projets de lois dus à l'initiative des parlementaires catholiques, que l'Église a toujours été la véritable bienfaitrice de la société.

Ce travail fait connaître le Syllabus si souvent ignoré et si souvent calomnié, il en prouve la sagesse, l'opportunité aussi bien que la modération.

## Le Grand Drame de la Création

### Exposé doctrinal du XIIᵉ Chapitre de l'Apocalypse
#### par Ferdinand CHARBONNEL
##### Ancien professeur de Philosophie ecclésiastique et de Dogme.

1 beau et fort volume in-12. Prix . . . . . . . 3 fr.

Ce livre, plein d'aperçus neufs et suggestifs, est l'exposé original du XIIᵉ chapitre de l'Apocalypse. L'auteur y traite la vraie nature du mal, son origine, son développement, sa fin et démasque surtout son auteur, Satan, dans sa lutte contre le Christ, la Vierge, l'Humanité et l'Église. En somme, excellent ouvrage, digne d'entrer dans les bibliothèques sérieuses.

## INTRODUCTION à la PSYCHOLOGIE des MYSTIQUES

Leçons d'introduction à la critique du mysticisme et résumés des conférences sur la mysticité contemporaine données à l'Institut catholique de Paris,

### par M. J. PACHEU

1 volume in-12 Prix . . . . . . . . . . . 2 fr.

## L'ÉTAT RELIGIEUX

### par le chanoine Jules DIDIOT
#### 2ᵉ ÉDITION, REVUE ET AUGMENTÉE

avec approbations de Nosseigneurs les évêques de Saint-Dié, Poitiers, Verdun, Montauban, Versailles, etc.

1 beau volume in-12. Prix net . . . . . . . . 3 fr.

---

Typ. DUCAUS, Persan-Beaumont (S.-et-O.)

# PERPÉTUA

IMPRIMATUR :

Parisiis, die 28ᵃ Martii 1912.

H. ODELIN,

Vic. Gén.

**Abbé PERETTI**

Aumônier à l'Hôtel-Dieu, Paris

# PERPÉTUA

ou

QUELQUES MARTYRS DE CARTHAGE

**A. TRALIN, Éditeur**

12, rue du Vieux-Colombier, 12

PARIS. VIe

—

1912

*(Tous droits réservés)*

# PRÉFACE

Nous avons fait une promenade dans le parterre de l'Église primitive et y avons cueilli une fleur, la plus belle de toutes : je veux parler de Vivia Perpetua.

Plusieurs raisons nous ont portés à mettre en relief ce grand caractère et cette gracieuse figure.

La première, c'est que nous nous sommes trouvés en présence d'un récit, le plus admirable de tous.

Il n'y a, en effet, qu'une personne cultivée, une femme et une héroïne, pour écrire avec autant de simplicité, de délicatesse, de candeur, d'éloquence. Sa narration semble être un produit du ciel, beaucoup plus que de la terre. C'est une sainte mélodie accusant, dans son auteur, l'âme la plus noble, la plus sensible, la plus distinguée d'entre toutes. On y respire, à la fois, le parfum de la vertu, de la chasteté, de la valeur, du martyre. On croit, en la lisant, appartenir, non à la terre, mais au ciel lui-même.

Et en voyant ce mémorable récit se clore, à la veille même des supplices, combien ne regrette-t-on pas que l'auteur n'ait pas pu le continuer, qu'il n'ait pas tracé d'une façon complète l'histoire des persécutés et des persécuteurs, des victimes et des bourreaux d'alors.

Cet écrit aurait été assurément un des plus beaux monuments élevés à la gloire de Dieu et à l'honneur de la religion.

La seconde raison, c'est que Perpetua peut servir d'exemple à presque tous les états de la vie.

Elle a été fille, sœur, épouse, mère chrétienne et martyre ; et dans toutes ces situations elle apparaît un parfait modèle de vertu chrétienne.

De plus : elle était noble, riche, instruite, belle, jeune, aimante, aimée, et elle a tout sacrifié pour l'amour de son Dieu.

Enfin, la troisième raison qui nous a déterminés, c'est que les actes de cette martyre sont des plus authentiques.

Il y a, en effet, deux siècles qu'ils ont été découverts, et, en les comparant aux citations que saint Augustin en a faites, au iv$^e$ siècle, dans un de ses sermons, on a constaté leur parfaite identité, preuve évidente de leur authenticité la plus entière.

Tout en n'étant pas scrupuleux observateur de la chronologie, nous avons néanmoins respecté la topographie chrétienne.

Désireux d'unir, selon nos faibles ressources, l'utile à l'agréable, nous avons donné au sujet tous les rapprochements qu'il paraissait comporter. Nous nous sommes, pour le reste, abandonnés beaucoup plus à l'inspiration de notre cœur qu'aux règles mêmes de l'art.

Pareillement, nous avons essayé d'établir quelques contrastes entre les mœurs payennes et les mœurs chrétiennes ; mais nous avons tâché d'éviter dans ces tableaux ce qui pourrait offenser l'oreille la plus délicate. Tel a, du moins, été notre désir.

Je prie le bienveillant lecteur de pardonner à l'insuffisance de cet ouvrage en faveur de l'excellence du sujet et de la bonne intention de l'auteur.

C'est sur cette double conviction que s'appuie notre confiance et, le croyons-nous du moins, notre meilleure excuse pour mériter l'indulgence du lecteur.

# CHAPITRE PREMIER

## L'Edit

La ville de Carthage a été aussi fameuse par ses hautes prospérités que par ses profonds malheurs.

Après avoir fait trembler Rome elle-même; après avoir remporté les victoires les plus signalées et apparemment les plus décisives, elle fut vaincue par sa rivale et entièrement ruinée jusqu'au jour où César Auguste la fera ressusciter de ses cendres.

C'est cette ville qui sera le théâtre des évènements que nous allons raconter.

Et d'abord, on peut à bon droit s'étonner que le cruel Sévère ait passé dix années de son règne sans promulguer, contre les chrétiens, le moindre édit de persécution (1).

Plusieurs raisons, néanmoins, expliquent ce fait :

La première, c'est le miracle de la légion fulminante; miracle attesté de façon solennelle et monumentale, par l'empereur Marc-Aurèle, lui-même. La mémoire en est encore trop vivante dans le peuple, c'est pourquoi Sévère a dû attendre que ce souvenir s'effaçât de plus en plus de l'opinion publique avant que d'en venir à un édit de persécution.

De plus, un chrétien, Procul Torquacion, avait administré un remède salutaire qui avait délivré l'empereur d'une

---

(1) DARRAS. — *Histoire de l'Eglise*, VII, 514.

très grave maladie. Celui-ci en avait témoigné sa reconnaissance en le recevant dans son propre palais.

Cette circonstance n'avait pas peu servi la cause des chrétiens (1).

Enfin, dans son propre foyer, il y avait deux partis qui se combattaient l'un l'autre. Le premier favorable, le second contraire au christianisme.

Celui-ci était représenté par Julia Mammea, sa nièce; celui-là, par Julia Domna, son épouse.

Julia Domna était une femme hypocrite, débauchée, cruelle, capable, en un mot, de tout. Il y avait longtemps que, grâce à ses intrigues et à ses dissipations, elle avait entièrement perdu l'estime de son royal époux. Elle spéculait néanmoins sur un élément qui lui restait en-

---

(1) CREVIER. — *Hist. des Emp.* IX, 197.

core, á savoir : l'affection de son mari.

Sévère aurait conçu, en sa faveur, un attachement si profond que, malgré tous ses déportements, il n'avait pu s'élever contre elle à un sentiment de haine, encore moins de vengeance.

Julia Mammea, au contraire, fervente chrétienne, était le type de ce qu'on peut rêver de plus achevé, comme qualités d'intelligence et de cœur (1), sans parler de ses qualités physiques. Son oncle lui avait voué son affection et son estime la plus entière, et elle en était hautement digne. Mais des circonstances diverses étaient venues modifier de si heureuses dispositions.

Les juifs, qui précédemment avaient soutenu Niger, rival de Sévère, venaient encore de se révolter contre l'empereur.

---

(1) L'HOMMOND — *Histoire d'Eglise*, 58.

Ensuite, grâce à la paix, la religion chrétienne avait pris un tel accroissement, qu'elle menaçait sérieusement la religion de l'empire.

C'était, en effet, à cette époque que Tertulien pouvait, en toute vérité, s'écrier : « Nous ne sommes que d'hier, et déjà nous remplissons vos villes, vos bourgades, votre sénat, vos armées. Nous ne vous laissons que vos temples et vos théâtres. »

Le moment était donc par trop favorable, pour que Julia Domna ne s'efforçât de donner le coup de grâce au christianisme.

— Majesté, disait-elle, il est temps que vous sortiez de votre inertie par rapport à vos plus grands ennemis : les juifs et les chrétiens. Ce sont deux branches, issues d'un même tronc, qui toutes deux méritent d'être vouées à l'extermination et à la mort.

Voyez la conduite des juifs ; non contents de s'être associés, dans les temps passés, à votre plus grand ennemi, en dépit du généreux pardon que vous leur avez accordé, ils viennent encore de témoigner leur reconnaissance en se révoltant contre vous.

Ensuite, ne voyez-vous pas que la religion chrétienne, à la faveur du mensonge et de l'iniquité, envahit toutes les classes de la société ; et, pour peu qu'on la laisse encore vivre, le temps n'est pas éloigné où les chrétiens seront nos maîtres, et pourront, à leur aise, renverser, à la fois, nos autels et nos Dieux.

Pourquoi ne suivriez-vous pas les généreux exemples de vos augustes prédécesseurs, parmi lesquels nous en comptons d'illustres, aussi bien pour leurs qualités que pour leurs vertus, et qui néanmoins les ont tous persécutés ?

Ne redouterez-vous pas le juste courroux de nos Dieux ; ne craindrez-vous pas, qu'après qu'ils vous ont accordé leurs plus signalés bienfaits, ils n'exercent, sur vous et votre postérité entière, les vengeances les plus justes et les plus redoutables ?

Il n'est, dès lors, que trop temps d'agir, sous peine, bientôt, peut-être, de s'exposer aux plus grands remords et aux plus irréparables malheurs.

D'autre part, son illustre nièce, nouvelle Esther, par rapport à un nouvel Assuérus, prit courageusement en main la cause de son peuple, au risque de sa propre vie. Moins heureuse que celle-ci, elle ne devait cependant pas être couronnée par le succès. Elle en était du moins hautement digne !

Elle s'exprima de la sorte :

— Auguste Majesté, veuillez me permettre de vous parler, avec autant de respect que de liberté. L'affection et l'estime, dont vous m'avez toujours honorée, non moins que le soin de vos vrais intérêts, m'inspirent ce double sentiment et m'en imposent le devoir.

— Parlez, lui répondit l'empereur, je vous écoute !

— Je dis donc, reprit-elle, que si les juifs ont été ou sont encore coupables, il n'est certes pas juste de les solidariser avec les chrétiens. Que les coupables seuls, et non les innocents, expient le châtiment qui leur est dû.

J'ajoute que les chrétiens ont, lors du miracle de la légion fulminante, établi la preuve la plus authentique et la plus éloquente de la divinité de leurs croyances.

Dieu, croyez-le bien, n'accorde de miracles, sinon qu'à une vraie religion.

Au reste, la propagation de ce culte, au milieu des obstacles les plus insurmontables et des moyens les plus faibles, a déjà prouvé sa haute sainteté. Le sang des martyrs a été une féconde semence de chrétiens. De manière que nous sommes obligés de conclure, qu'elle ne peut pas être l'ouvrage de l'homme car, dans ce cas, elle eut infailliblement péri; mais bien l'œuvre de Dieu.

Or, aussi puissants serions-nous, que sommes-nous pour nous opposer à la toute puissance divine ?

Si, ce qu'à Dieu ne plaise, nous avions cette téméraire prétention, il est certain qu'il ne nous sera pas possible d'en triompher. Nous ne pourrions qu'aller au-devant d'une défaite assurée, encourir la disgrâce du ciel et attirer, un jour, sur nos têtes, ses plus terribles châtiments.

Pensez, Majesté, que vous êtes puissant, mais que Dieu, plus puissant que tout, peut vous briser comme un faible roseau et vous maudire, non seulement dans votre personne mais encore dans votre postérité tout entière. Un jour, cette témérité ne pourrait-elle pas devenir pour vous une source féconde de chagrins et de profonds malheurs ?

Tandis qu'elle parlait avec autant d'indépendance que de vérité, Sévère se disait en lui-même : « Elle est bien certainement chrétienne ; mais, si une nouvelle persécution s'ouvrait, elle ne sera certainement pas dirigée contre sa personne. Elle est, à la fois, et trop franche et trop grandement digne pour qu'elle puisse jamais avoir à en souffrir.

Si, en ce moment, l'on avait pu soulever le voile de l'avenir, quelle étrange confirmation n'aurait-on pas trouvé aux paroles de Mammea ?

En effet, j'aperçois à quelque temps de là, un fils, l'épée nue à la main, cherchant à transpercer son père. Je vois celui-ci, mourant de chagrin, s'écrier sur son lit de mort : « *Omnia fui et nihil mihi expedit* ». « J'ai été tout et tout ne m'a servi de rien ».

Je vois un frère ensanglanter ses mains dans le sang d'un autre frère. Je vois ce nouveau Caïn se rendre coupable des plus grands crimes. Jusqu'à ce que, un autre frère homicide, se tournant contre lui-même, appliquera la loi du talion qu'il a si bien provoquée.

Mais revenons à notre sujet. Sévère écouta jusqu'au bout son illustre nièce ; il ne fit cependant pas connaître sa manière de penser. Son âme était trop dure pour que les bons sentiments puissent y trouver un facile accès. Il était aussi trop prudent pour se prononcer avant le terme de la guerre.

Toutefois, quelque temps après, la guerre contre les juifs ayant été heureuse, il céda à ses sentiments à la fois de haine et de vengeance, et, en dépit des efforts opposés, il promulgua un édit de persécution générale contre les chrétiens. Elle est appelée la cinquième de l'Eglise et a eu lieu l'an 202 de l'ère chrétienne.

## CHAPITRE II

### Prières aux Catacombes

Dès que la nouvelle de la révolte des juifs se répandit à Carthage, les chrétiens comprirent que le vent de la persécution générale allait bientôt commencer à souffler. Ils furent d'autant plus de ce sentiment, que les idolâtres haïssaient les chrétiens beaucoup plus que les juifs, car ces derniers ne se multipliaient pas, tandis que les autres faisaient chaque jour de nouvelles conquêtes. Cette crainte s'accentua davantage quand Julia Mammea avisa l'évêque de la ville de tout ce qui se tramait contre le nom chrétien.

Ce fut alors que le vénérable prélat fit un appel des plus chaleureux auprès de son clergé et de ses fidèles. Il recommanda qu'on adressât au ciel de ferventes prières, jointes à de bonnes œuvres et de grandes mortifications.

Les fidèles se mirent, en effet, à l'œuvre pour obtenir de Dieu, non pas la délivrance de la persécution, celle-ci entrait, en effet, dans leurs vœux les plus chers, mais les grâces indispensables pour être à la hauteur des épreuves qui pouvaient leur échoir.

A partir de ce moment, ils sentent qu'ils n'ont pas de temps à perdre pour se ménager une retraite contre leurs ennemis. Ils se décident à construire des catacombes.

Il y avait, tout à proximité de la ville,

une sablonnière abandonnée. Ils en profitèrent pour préparer, dans ses profondeurs, leur entrée dans la catacombe. On s'y enfonçait, plutôt qu'on n'y entrait, par un escalier aussi long que raide. L'excavation était pratiquée sur la terre sablonneuse jusqu'à ce qu'on eût trouvé des couches de terre dure. C'était le premier étage. On y distinguait trois choses : les allées qui étaient toujours à ligne droite, quoiqu'il y en eût plusieurs ; les places qui étaient tracées en cercle, pour la commodité de l'orientation. Enfin, les chapelles, où l'on ensevelissait les corps des plus illustres martyrs, et où l'on procédait aux divins mystères.

Les allées étaient si étroites que deux personnes pouvaient difficilement aller de front, mais toujours à angle droit, pour la régularité des toits et des planchers. Contre les parois, soit des escaliers, soit du mur, on pratiquait des excavations pour y déposer, au fur et à mesure, les corps des saints. Il y en avait quelquefois jusqu'à quatorze rangées, l'une au-dessus de l'autre.

Suivant l'importance du personnage, on fermait l'entrée du tombeau, soit avec des tables en marbre avec inscription, soit avec de grandes tuiles. On avait soin aussi de déposer dans la tombe une fiole, dans laquelle était une éponge imbibée dans le sang du martyr, puis on gravait, sur le marbre ou le tuf, une feuille de palmier (1).

Ces deux choses avaient une bien belle signification.

En effet, la fiole ne représentait-elle pas le sacrifice consommé dans la foi du Christ; et la palme, la récompense

---

(1) Viseman. — *Fabiola*

reçue au séjour de la justice et de la félicité ?

Or, au moment où l'édit de Sévère fut publié les chrétiens, en travaillant nuit et jour, avaient presque complètement achevé le premier étage de leur catacombe. Ils se réservaient d'en construire d'autres plus tard. C'est là que, par les soins de leur évêque Optat, ils furent invités à se rendre pendant la nuit.

C'était l'appel du pasteur, voulant grouper autour de lui ses chères ouailles, menacées de la dent meurtrière du loup. Ainsi les petits oiseaux, assaillis par l'épervier, se rapprochent-ils, tout effarés, de leur mère, et s'abritent-ils sous ses ailes tièdes et moelleuses ! Ainsi les israëlites poursuivis par le cruel égyptien se confiaient-ils à Moyse, leur providentiel et merveilleux conducteur !

La nuit donc qui suivit la promulgation de l'édit, les chrétiens, par des chemins divers, prirent silencieusement la direction des catacombes. On échangeait près de l'entrée des mots de passe et un sévère contrôle était établi. Là, se trouvaient réuni, à côté des respectables prêtres, des lévites, des vierges, de pieux chrétiens. La cérémonie était présidée par l'évêque de Carthage. C'était un vieillard vénérable qui, bien avant la persécution générale, avait déjà souffert des idolâtres et des différents gouverneurs qui s'étaient succédé. Car, il convient de ne pas oublier que la persécution pouvait toujours exister au gré de ceux-ci. S'appuyant sur les anciennes lois de persécution, les gouverneurs pouvaient sévir contre eux ou demeurer dans l'inaction. C'est ainsi que le saint évêque, sans être encore un martyr, était déjà un confesseur de la foi.

Il était trois heures de l'après-minuit. Le sacrifice était apprêté. On commence la messe au milieu du plus grand recueillement.

Après l'évangile, le vénérable prélat se tourne vers son peuple et lui parle ainsi :

Il semble, mes bien chers enfants, que le temps de la dure épreuve soit arrivé ! Une persécution générale est ouverte contre nous et, sans nul doute, le sang de plus d'un chrétien sera répandu. En présence de cette situation, que ferons-nous ?

" Nous userons tout d'abord de prudence, nous nous efforcerons, par humilité, de fuir les honneurs du martyre, pour que, à l'heure voulue, la divine grâce ne nous fasse guère défaut ; que si, en dépit de nos précautions, la persécution vient à nous assaillir, nous dirigerons alors nos regards vers la sainte montagne d'où seulement pourra nous venir le secours. Notre secours est dans le Seigneur qui a fait le ciel et la terre !

Ainsi donc, ô mes chers fils :

Haut les cœurs !

Qu'il nous souvienne que nous n'avons pas, ici-bas, une cité de permanence, mais seulement un lieu de passage !

Qu'il nous souvienne que, momentané et de peu de poids, est le temps de notre tribulation, mais qu'éternelle sera la gloire qui nous sera réservée dans le ciel!

Qu'il nous souvienne enfin, que le plus héroïque sacrifice que l'homme puisse offrir à son Dieu, c'est celui de sa propre vie !

Sachons, ici-bas, croire, espérer, aimer, et il nous sera bientôt donné de voir, de conquérir, de jouir à tout jamais !

Sachons souffrir, sachons accepter et nous saurons, là-haut, applaudir, nous saurons triompher !

Dans le ciel, ô mes chers fils, il n'y aura plus, comme dans ce monde, le jour et la nuit, la joie et la douleur, la force et la faiblesse, la santé et la maladie, la vertu et le vice, la vie et la mort ; mais il y aura un jour toujours serein, une joie toujours parfaite, une force toujours constante, une santé toujours inaltérable, une vertu toujours égale, une éternité toujours heureuse.

Ensuite, c'est le divin sacrifice qui se continue et ce sont deux chœurs qui, dans l'intervalle, modulent successivement ces paroles du roi prophète :

« Pourquoi les nations ont-elles frémi ? Pourquoi les peuples ont-ils médité de vains complots ?

« Les rois de la terre se sont levés, les

princes se sont ligués contre le Seigneur et contre son Christ.

« Brisons leurs liens et rejetons leur joug loin de nous, ont-ils dit.

« Celui qui habite dans le ciel se rira d'eux, le Seigneur insultera à leurs efforts.

« Alors, il leur parlera dans sa colère, il les confondra dans sa fureur.

« Et maintenant, ô rois, comprenez; instruisez-vous, vous qui jugez la terre ! »

Le saint prophète, douze cents ans auparavant, avait annoncé, à la fois, l'épreuve et le triomphe.

C'était alors le moment de l'épreuve ; le triomphe devait se produire dans la suite des temps.

Le moment de la communion arrive : tous ces fidèles se mettent en mouvement pour aller recevoir l'agneau immaculé qui efface les péchés du monde, fait germer les martyrs aussi bien que les vierges, et prépare de nouveaux élus à la patrie céleste.

Au milieu de tous les assistants, on remarquait particulièrement une jeune dame à la démarche aussi modeste que noble. Elle était distinguée par une beauté que rehaussait encore plus la foi et la dévotion dont elle était animée. Elle appartenait à une des plus nobles et plus riches familles de Carthage : Vivia Perpetua était son nom.

Son visage était tout rayonnant d'une céleste clarté. Elle s'avance à la table pour y recevoir celui que son cœur aime, autant qu'elle en est aimée ; celui auquel elle a consacré sa jeunesse, sa beauté, son avenir, sa vie tout entière !

La cérémonie terminée, l'assistance se disperse dans les catacombes. La plus grande partie croit prudent d'y demeurer. Tandis que sa mère et sa famille s'y fixeront, Perpetua attendra la nuit suivante pour se diriger autre part. Elle a une sainte mission à remplir et, avec l'aide du ciel, elle emploiera tous ses plus grands efforts pour la conduire à son achèvement.

## CHAPITRE III

### Perpétua chez Anastasia. — Extase

La famille de Perpetua possédait deux esclaves d'un caractère bien différent. L'une était chrétienne, l'autre était payenne.

Celle-ci qui s'appelait Persia, était une asiatique, avec le cortège ordinaire des vices de ces contrées. Elle était menteuse, dure, légère et, en outre, d'une hypocrisie sans égale.

Celle-là, qui se nommait Zoé, était carthaginoise. Elle possédait les qualités les plus remarquables. Elle était franche, honnête, fidèle, dévouée.

A ces faveurs, départies par la nature, s'ajoutaient les dons plus élevés encore de la grâce pour en faire un modèle achevé de servante parfaite. Elle ne connaissait que son devoir, et savait le remplir avec la plus grande perfection. Aussi n'avait-elle pas tardé de gagner l'estime de ses maîtres.

En retour des nombreuses méchancetés de Persia, elle n'y répondait que par de bons procédés, la douceur et le pardon.

En outre, Perpetua possédait une amie avec laquelle elle s'était liée depuis son enfance, par les liens les plus tendres. Elle s'appelait Anastasia. Riche, noble, belle, jeune, instruite, elle possédait l'intelligence la plus ouverte, le caractère le plus heureux, le cœur le mieux fait.

Il ne lui manquait qu'une chose pour être parfaite : la vraie religion ; elle était, en effet, idolâtre.

Les rayons de la vérité n'avaient pas encore pénétré dans cette intelligence, ni l'amour du vrai Dieu fait battre ce cœur. Mais avec quelle vivacité Perpetua poursuivait-elle, dans ses prières, le rêve de toute sa vie, la conversion de cette amie.

Or, dans ces conjonctures, une circonstance favorable sembla se présenter à elle. Cette jeune fille était déjà mise confidentiellement au courant de la religion de Perpetua et de sa famille. Elle savait qu'il n'y avait qu'une personne de la même religion qu'elle : le père de son amie. Celui-ci était, en effet, idolâtre.

Apprenant donc l'édit de persécution, elle craignit surtout pour les jours de son incomparable amie et l'invita, de là part de sa famille, à venir, en compagnie des siens, chercher un refuge assuré auprès d'elle.

Fidèle aux lois de l'amitié, cette famille s'exposait aux plus grands périls pour venir en aide à des personnes chères, quoique de religion différente. Au reste, bien connue comme elle était pour ses sentiments payens, elle pensait, à bon droit, que jamais on n'aurait porté le moindre soupçon sur elle.

Perpétua s'empressa d'accepter cette invitation, et bénit la Providence de l'heureuse occasion qui lui était offerte.

Tout étant donc bien combiné de part et d'autre, la nuit suivante à minuit, elle partit des catacombes avec sa fidèle esclave et un chrétien dévoué. Il avait attelé un lourd charriot. Anastasia et sa famille habitaient déjà la campagne, à quelques kilomètres de Carthage.

Perpetua, enveloppée d'un grand manteau, monte sur la voiture qui part au grand galop des chevaux.

C'était l'époque du printemps, et la soirée était des plus splendides. La lune argentait tous les lieux d'alentour de ses rayons les plus éclatants. Mille étoiles, d'une pureté extraordinaire, scintillaient au firmament. On voyageait à travers une double rangée d'orangers, de grenadiers, de bananiers qui étaient en fleurs, et répandaient dans ces lieux les parfums les plus suaves. On distinguait aussi, çà et là, le palmier élevant sa cime majestueuse au-dessus de tous les autres arbres et, sous l'action de la douce brise, semblant saluer de la tête les futurs héros de la religion.

Le rossignol modulait ses chants les plus harmonieux et les plus variés.

Mais, chose extraordinaire, ses notes

paraissaient, ce soir-là, plus tristes qu'à l'ordinaire. Sans doute qu'il les mettait à l'unisson des événements qui allaient bientôt se dérouler.

Au milieu de toutes ces beautés, Perpetua paraissait insensible. Elle était tout absorbée. Etait-ce à cause de la crainte si légitime des événements qui pouvaient bientôt se produire ? — Nullement.

Semblable à ces rochers immobiles qui émergent à la surface d'une mer orageuse, son âme était dans le calme le plus profond. C'était pourtant au moment où les ennemis de la religion préparaient contre ses partisans les instruments les plus cruels de supplice ! Les chevalets, les scies, les tenailles, les peignes en fer, les sabres, les poignards de toute espèce.

De plus, elle était fille, épouse, mère

et sœur bien aimée. Rien n'y faisait. Elle puisait largement en Dieu tout son courage, toutes ses espérances. Tout indigne qu'elle se crût, elle sentait le ciel s'incliner amoureusement vers la terre. Elle croyait voir, avec les yeux de son âme, une douce et vive lumière qui illuminait son être entier et, en dépit de sa vive clarté, n'offusquait guère son regard mais le reposait, au contraire, délicieusement.

Elle entendait au-dedans d'elle-même, comme une ravissante musique, inconnue de la terre coupable, mais connue du cœur aimant, et produisant en lui, les plus douces et les plus ineffables émotions. Elle aimait, en un mot, elle était aimée et était prête à tous les sacrifices en faveur de l'objet aimé.

Elle aimait, et puisait dans ce sentiment, le plus élevé de tous, le principe.

de sa force, de sa foi, de son bonheur !

C'est dans ces dispostions que, quelques heures après, elle se retrouva entre les bras de son excellente amie.

Pour ne pas éveiller l'attention de ses gens de service, Anastasia avait obtenu de son père que, seule, elle serait allée au-devant de Perpetua et l'aurait conduite dans sa nouvelle demeure.

A quelque distance du château, il y avait, dans ce vaste domaine, entre autres, une maison. Elle était habitée par le premier intendant de la maison qui, en ce moment, était absent. Ce fut celle qui fut destinée à la noble voyageuse.

Il fut convenu entre les deux amies que ce serait Anastasia même, qui, sous prétexte de promenade dans la campagne, comme elle en avait l'habitude, lui apporterait son repas du soir. Quant au déjeûner, Perpetua le préparerait elle-même, avec les provisions qu'elle trouverait dans la maison occupée.

Le lendemain au soir, le maître et la maîtresse, faisant semblant de se promener, voulurent lui souhaiter la bienvenue, tandis qu'Anastasia était de garde à la maison. Ils la trouvèrent plus charmante que jamais et remplie, à leur égard, de la plus entière reconnaissance, de la plus tendre affection.

Le soir suivant ce fut le tour de leur fille d'aller la rencontrer. Elle attendait ce moment avec la plus grande impatience. Aussitôt après son souper, faisant une promenade dans la campagne, elle se dirige aussitôt vers son amie chérie. Elle avait ouvert et fermé tout doucement la porte d'entrée et pénétré dans la maison. Perpetua habitait dans l'appartement le plus reculé. Elle s'avance donc à pas lents vers elle, et pénètre dans la chambre. Grande est sa surprise à la vue du spectacle qui s'offre à son regard : elle voit son amie les deux bras fortement appuyés sur un siége sur lequel repose un crucifix en or. La chrétienne le regarde fixement, le corps immobile, le visage pâle, le regard noyé dans un monde inconnu. Quoiqu'elle se fut avancée jusqu'à elle, son amie ne l'avait pas aperçue. Tout à coup, sous un effort de sa poitrine, Anastasia voit sa bouche s'entr'ouvrir pour en laisser jaillir ces paroles : « Oui, ô mon bien aimé, je suis à toi, et toi à moi ! Oh ! qui me donnera les ailes de la colombe, pour que je m'envole et me repose sur ton sein ! »

En ce moment, Anastasia est prise de frayeur. Craignant que son amie ne soit indisposée, elle s'écrie : « Perpetua ! » Mais son amie ne l'entend pas ; elle continue son colloque : « Oh ! qui me délivrera de ce corps de chair ! Quand viendrai-je, ô mon Dieu, et quand comparaitrai-je devant vous ! »

Alors, son amie se précipite sur elle en criant : « Perpetua, ma chère Perpetua, qu'as-tu donc ? »

Son amie commence à revenir à elle et lui répond : « J'ai, ma toute chère, que je me sens mourir de bonheur. J'ai, que mon bien-aimé du ciel a percé mon cœur d'un glaive enflammé. Il saigne, ce cœur, mais il aime, et en aimant il trouve un ample dédommagement à tous les maux d'ici-bas !

« Ah ! qu'il fait bon d'être aimée et d'aimer soi-même à jamais son Seigneur et son Dieu !

« Oh ! chère amie de mon cœur, s'écrie-t-elle, en se renversant sur l'épaule de son amie, si tu savais ce qui se passe en ce moment dans cette grande pécheresse que tu vois, si tu comprenais toi aussi le don de Dieu, assurément que tu le préférerais à toutes les richesses du monde qui, en comparaison, ne sont que de la vile poussière, un pur néant.

« Mais, je l'espère de la bonté de notre grand Dieu, un jour, l'œil de ton âme s'ouvrira à la lumière, et ton cœur au repentir, à l'amour ! »

Anastasia ne comprenait rien à tout ce qu'elle voyait et entendait. Elle se trouvait en présence de l'inconnu.

Elle s'efforça donc de mettre un terme à cet entretien en invitant son amie à souper. Celle-ci fit acte d'obéissance ; seulement, elle toucha à peine aux mets présentés.

Après le repas, afin de la remettre de ses émotions et de se distraire en même temps elle-même, elle lui proposa une promenade dans le bosquet, avec prière de ne pas parler religion. Perpétua accepta et s'efforça de tenir parole. Seulement, de temps à autre, elle ne pouvait s'empêcher de faire des aspirations vers le ciel. Son cœur était tout débordant, et, partant, la prière devenait, pour elle, un soulagement, une nécessité, un bonheur. Elle s'échappait de son âme comme le feu d'une fournaise, comme l'eau d'un torrent impétueux.

Ensuite, on se souhaita la bonne nuit; et c'est ainsi qu'elles prirent congé l'une de l'autre. Perpétua, vaincue par les émotions, ne tarda pas à se livrer aux douceurs du repos. Elle dormait, mais son cœur veillait; il oscillait entre deux pôles : Dieu, sa famille, ses amis. — Seulement, quand Anastasia voulut appeler le sommeil, celui-ci fuyait ses paupières et ne voulait pas s'y fixer.

Elle avait été trop émue de tout ce

qu'elle avait vu, sans toutefois en comprendre le mystère. « Perpétua, se disait-elle, est la bonté même, bien qu'elle appartienne à cette fausse religion qu'on nomme la religion chrétienne. Certainement que, comme les autres adeptes, elle ne se livre pas aux crimes dont on les accuse (1).

Non, elle en est absolument incapable. Elle croit, dans sa bonne foi, que sa religion soit la seule sainte, la seule divine ; voilà pourquoi elle la suit aveuglément et est prête à tous les sacrifices possibles en sa faveur.

Mais, d'autre part, se disait-elle, quelle âme bien faite que la sienne!

Quel cœur incomparable, quel visage tout rayonnant de paix et de bonheur! En vérité, ne dirait-on pas que mon amie

---

(1) ROHRBACHER, ÉRECHRÉ, 1" siècle.

a trouvé le grand art d'être heureuse, même au sein des plus grands malheurs, des plus profondes afflictions.

Qui me donnera de soulever ce voile, de surprendre ce secret, le plus important, sans nul doute, d'ici-bas, à savoir : l'art d'être heureuse, au milieu même de toutes les vicissitudes les plus tristes de la vie.

## CHAPITRE IV

### La Religion est un devoir

Tandis qu'Anastasia se livrait à ses longues réflexions, Perpétua venant à se réveiller, demandait à Dieu, avec les plus vives instances, la conversion de son amie. Elle se préparait à y travailler quand l'occasion se présenterait.

Elle vint le soir même.

Il s'agissait de démontrer laquelle des deux religions était la vraie : la religion chrétienne ou la religion idolâtrique.

« Tout d'abord, lui dit Perpétua, j'espère, ma chère amie, que tu voudras bien admettre l'existence de Dieu. »

« C'est ce que je nie, lui répondit Anastasia. Au commencement, je pensais qu'il devait exister des Dieux ; mais, après avoir lu les philosophes et constaté leurs innombrables contradictions, je me suis dite : il n'en existe aucun ».

« Dès lors, lui répondit son amie, j'ai, en premier lieu, à te prouver l'existence de Dieu. Car, il est vrai d'affirmer que, si Dieu n'existe pas il n'y a plus, alors, ni mérite, ni démérite, ni vertu, ni vice, ni récompense, ni châtiment. La morale devient un mot vide de sens et la religion croule dans ses propres fondements. Que si, au contraire, Dieu existe, il ne peut être sinon que juste, c'est-à-dire rémunérateur de la vertu et vengeur du vice, et tout ce qu'il propose à notre croyance ne peut être que justice et vérité.

3.

Or, pour nous convaincre de cette vérité, nous n'avons qu'à considérer les choses visibles ; elles nous élèvent, dit saint Paul, jusqu'à l'être invisible, c'est-à-dire : Dieu.

L'existence et la beauté du monde nous disent : il y a un Dieu.

Il n'y a pas, en effet, d'effet sans cause capable de l'expliquer.

Or, autour de nous, nous voyons une série interminable d'êtres et nous nous demandons : qui les a créés ?

— Ils se sont créés d'eux-mêmes, répond Anastasia.

— Comment, je te prie, reprend l'autre, ce qui n'est pas peut-il être capable de produire ? Et comment un être peut-il franchir l'infinie distance qui sépare l'être du non être ? Cela suppose une puissance infinie, dont Dieu seul est en possession. Dieu seul, par conséquent, est le créateur de l'ordre créé.

Mais, riposte Anastasia, c'est le hasard qui, à la faveur d'atomes invisibles, a formé l'admirable monde que nous voyons.

Perpétua ; Le hasard est un mot vide de sens. En effet, nous voyons dans les œuvres de la création, des lois qui, grâce à leur universalité et à leur sagesse, supposent une cause infiniment providentielle, invariable et sage.

Or, imputer ces effets au hasard, c'est comme si l'on voulait attribuer l'œuvre d'Homère ou la construction du Colisée au mouvement merveilleux de lettres ou d'atomes, lesquels heureusement mûs par une cause aveugle, auraient formé cette œuvre immortelle ou ce magnifique édifice.

Celui qui raisonnerait ainsi passerait

pour un être sans raison, et pourtant, que sont les œuvres des hommes, même les plus remarquables, auprès de celles de la divinité ?

Allons plus avant.

Les beautés qu'on signale dans la création ne prouvent pas moins cette vérité.

Qui, en effet, sinon l'auteur de toute chose, a pu répandre en si grand nombre des merveilles d'une si extraordinaire beauté ?

Elevez vos regards vers le ciel ou abaissez-les vers la terre, partout, vous en trouverez de nombreuses preuves. Vous voyez, au-dessus de vos têtes, cet immense manteau d'azur, tout étincelant d'étoiles, à qui correspond sur la terre ce grand tapis sur lequel Dieu a déposé, pour l'usage de l'humanité, comme en un royal banquet, tout ce qu'on peut concevoir de plus beau à la vue, de plus exquis au goût, de plus enchanteur à l'odorat.

Prêtez l'oreille aux chants des oiseaux, au frétillement des poissons, au murmure des eaux; contemplez la beauté des fleurs, la variété des paysages, et dites-moi s'il est possible de concevoir quelque chose, à la fois, de plus séduisant ou de plus poétique ?

Ensuite, l'immensité des mondes vient à l'appui de cette vérité.

Considérez, en effet, le nombre infini des globes, lesquels semblables à des lampes ardentes, sont suspendus au firmament. Un nombre plus illimité encore se dérobe à nos regards. La terre est, par rapport à eux, ce qu'est une goutte d'eau auprès de l'océan, un grain de sable en regard de la terre entière. Qui les soutient ainsi suspendus en l'air, sans autre fondement que celui de lois très providentielles qui les dirigent ?

Admirables lois ! qui font que, parcourant des distances incalculables, et étant en nombre illimité, ces globes ne se rencontrent jamais, fidèles à suivre la route marquée par la main du Tout-Puissant !

Enfin, l'ordre régnant dans la création atteste Dieu.

On observe, en effet, qu'il y a une merveilleuse proportion entre le but poursuivi et les moyens employés. La terre, par exemple, se trouve, par rapport au soleil, dans le juste point. Si elle était plus voisine, elle serait brûlée par la chaleur ; si elle était plus éloignée, elle deviendrait la proie du froid. De plus, si son écorce était plus dure, elle ne produirait plus rien. Si elle était plus molle, nous ne pourrions pas y marcher.

Chaque être possède toutes les facultés et toutes les ressources nécessaires à son existence. L'œil est merveilleusement outillé pour la vision, l'oreille pour l'ouïe, le palais pour le goût. Il y a une infinité de causes qui, toutes cependant, concourent, chacune dans leur sphère, au bien général de l'ordre créé.

En vérité, ce n'est pas pour rien qu'il est dit dans l'Ecriture que Dieu, après avoir successivement formé l'ordre créé et l'avoir considéré, trouva que tout était bon. Pourquoi cela ? C'est que tout portait l'empreinte de sa puissance, de sa beauté, de sa providence, de son infinie sagesse.

Il est donc permis de conclure : il y a un Dieu.

Anastasia avait écouté ce discours avec un certain intérêt.

« Mais, dit-elle, s'il est vrai qu'il existe

un Dieu, pourquoi ne peut-il pas en exister plusieurs ? »

« Le motif, répondit Perpétua, c'est que la création suppose une force infinie, étant donné que la distance entre l'être et le non être est infinie ; ainsi, s'il existait plusieurs Dieux, la puissance étant partagée, serait limitée et ne serait, par conséquent, pas infinie; de là, la nécessité de l'unité en Dieu ».

Je poursuis :

Dès lors que nous admettons l'hypothèse que Dieu existe et qu'il est notre créateur, dotés, comme nous le sommes, d'une intelligence et d'une volonté, il n'est pas possible qu'il nous ait créés pour une autre fin que lui-même. C'est pourquoi il doit, non seulement imposer à l'homme un devoir, mais encore lui fournir les moyens nécessaires pour le remplir dignement. Ce qui n'est pas autre chose que de lui donner une religion.

Mais quelle sera la religion sortie de la main de Dieu ? Assurément, celle qui fournira des preuves non équivoques de son origine divine. Or, ces caractères je ne les trouve nulle part que dans la religion chrétienne. Seule, elle peut, pour sa justification, s'appuyer sur deux grandes preuves : les prophéties et les miracles.

En effet, par l'Ancien Testament qui n'est que l'anticipation du Nouveau, je vois l'annonce de l'établissement d'une religion destinée à sauver le monde ; et je vois aussi, que, d'une façon merveilleuse, tout se rapporte à la religion chrétienne. J'y lis l'époque et le lieu de naissance du Messie, l'accueil qui lui sera fait, la trahison de son peuple et son épouvantable châtiment ; l'histoire de la passion de l'Homme-Dieu, jusqu'aux paroles qu'il prononcera, et à mille autres circonstances, dépendantes de la volonté de ses ennemis.

J'y vois la vocation des gentils, et l'établissement d'une église contre laquelle les puissances de la terre ne pourront prévaloir. J'y constate l'annonce de la ruine de Jérusalem, que nous ne voyons que trop s'accomplir de nos jours.

Enfin, je vois un être se disant le Messie et accomplissant, pour accréditer sa mission, les plus grands prodiges, comme aussi les plus étonnantes révolutions; attirant tout à lui, par le prestige de sa croix, et se ressuscitant, suivant sa prédiction, le troisième jour.

Je me dis, dès lors, tout naturellement : celui-là était vraiment le fils de Dieu, et la religion qu'il est venu prêcher n'est pas autre chose que la religion divine !

— Pas si vite, répond Anastasia, et qui te dit que l'Ancien Testament n'ait pas été fabriqué pour le besoin de la cause.

— Ce qui me le dit, répond Perpétua, ce sont les raisons les plus décisives.

En effet, ces livres étaient religieusement conservés par nos plus grands ennemis, les juifs, qui les transmettaient scrupuleusement de père en fils, et qui, du reste, les reconnaissent, aujourd'hui encore. Ils ont de plus, en leur faveur, les témoignages de plus d'un auteur payen. Que si nous admettons Homère, Virgile, Cicéron, comme étant les auteurs des livres que nous leur attribuons, il ne faut pas, il s'en faut bien, moins de raisons pour accepter l'authenticité de l'Ancien Testament.

C'est ainsi que je prouve qu'il n'y a qu'une seule religion vraie, fondée par Dieu : c'est la religion chrétienne.

Il était tard, le discours s'était assez longuement prolongé et Anastasia, désireuse de partir, s'empressa de prendre congé de son amie.

## CHAPITRE V

### Elle est un avantage

Le lendemain au soir, Anastasia alla faire sa visite accoutumée. Elle trouva Perpétua et lui remit une lettre, qui venait des catacombes. Elle avait été apportée par le chrétien qui l'avait précédemment accompagnée et lui annonçait l'arrestation et le courage déployé par douze chrétiens scillitains. Les autres fidèles étaient aussi pleins de courage et de confiance.

Perpétua leva les yeux au ciel, puis elle parla de la sorte :

Je me suis jusqu'ici efforcée, ma chère Anastasia, de te prouver que la religion chrétienne est un devoir. Que dirais-tu, si je te démontrais qu'elle est, en outre, un précieux avantage en assurant notre félicité non seulement dans l'autre vie, mais encore en celle-ci, autant du moins que cela est possible, dans la terre de l'exil?

En effet, l'homme est né pour le bonheur ; il sent, au-dedans de lui même, une soif inextinguible, qui ne peut être satisfaite par aucun des objets créés. Or, cédant à cet instinct, il va le plus souvent le chercher là où il n'est pas, et où, par conséquent, il ne peut le trouver.

Il le fait consister dans l'abondance des richesses, dans la recherche des plaisirs, dans la multiplicité des honneurs.

Mais en vain le poursuit-il, il ne l'y

trouve pas. C'est pourquoi, après les plus grands efforts pour se rendre heureux, il est condamné à s'écrier : J'ai goûté une goutte de miel, et voilà que je meurs !

Jésus-Christ vient au monde et y apporte la vraie paix. « La paix soit avec vous, nous dit-il ». Il nous apporte une paix, non telle que le monde la promet, mais telle que la donne un Sauveur.

Alors, plus que jamais, il est donné à l'homme de goûter de ce fruit délicieux de paradis, et d'être relativement heureux. En effet, Dieu est l'architecte de ce précieux organe portant le nom de cœur, qui a la forme du monde, et qui est, lui-même, un monde de merveilles ou de désastres. Or, lorsqu'il songea à le former il le fit à sa mesure, il le façonna à son image et à sa ressemblance, de façon qu'il ne pût posséder de paix ou de repos, sinon que dans la possession de lui-même.

Comme le poisson ne peut trouver son élément que dans la mer ; que notre corps a besoin d'air pour vivre ; l'oiseau de liberté pour voler ; ainsi notre âme a-t-elle nécessité de son pain consolateur qui est Dieu.

Dieu donc, comme il a été l'auteur de sa création, est-il l'exclusif objet de sa félicité, de manière que nous ne pouvons la rencontrer sinon qu'en lui-même.

Semblable à une fleur, laquelle ne peut trouver la fraîcheur des couleurs, la délicatesse des parfums, l'abondance de la vie, à moins qu'elle ne s'épanouisse dans la plénitude de la lumière et de la chaleur ; ainsi, notre cœur ne peut se dilater, ne peut jouir qu'à la condition de recueillir les bienfaisantes influences du ciel. Alors, ivre de joie, notre âme peut en toute vérité s'écrier : « mon secret est en moi, mon secret est en moi ! L'homme possède alors Dieu, et avec lui il possède toute chose ».

Alors il goûte les prémices de cette joie, qu'il rencontrera avec surabondance dans la patrie céleste. Alors, son cœur commence à palpiter sous l'émotion du plus tendre sentiment qu'il soit donné d'éprouver. Alors dans ses facultés s'établit l'accord et avec l'accord l'harmonie. Harmonie la plus parfaite, la plus douce, la plus ineffable que l'on puisse éprouver, puisqu'il n'est pas donné à la parole humaine de la définir.

Ce n'est pas, en effet, avec une langue charnelle que l'on peut parler de choses célestes. Si, je confesserai avec le prophète que, touchant ces matières, je ne sais que bégayer et pas parler.

Mais, comment, dit Anastasia, puis-je

croire aux biens que tu m'annonces, puisque je ne puis les voir ; tandis que ceux que le monde me donne, tombent sous mon œil aussi bien que sous mes sens ?

Il est vrai, reprend Perpétua, les biens que Dieu promet et qu'il accorde ne tombent pas sous les yeux des mortels, car ils viennent du ciel ; mais, ils n'en sont pas, pour cela, moins réels. Ils ne peuvent être aperçus, mais ils sont profondément sentis au plus profond de notre être.

Je verse, dit le Seigneur, dans le cœur de l'homme le lait et le miel des plus douces, des plus ineffables consolations. L'homme aime alors son rédempteur et il en est aimé ; et, de cet échange d'amour réciproque, de la créature au créateur, de l'homme à Dieu, résultent les émotions les plus suaves, le bonheur le plus vrai et plus enivrant.

C'est l'échelle de Jacob, par où montent et descendent les anges du ciel. L'homme s'élève alors jusqu'à Dieu, sur les ailes de l'amour, et Dieu, sur celles de la miséricorde, s'abaisse jusqu'à l'homme, pour le combler de ses grâces et de ses bénédictions.

— Mais, reprend Anastasia, à supposer que ton Dieu accorde des biens, sont-ils sans mélange ? N'a-t-on pas à craindre, dis, ô ma chère, les souffrances et les afflictions ?

— Et Perpétua de répondre : il est vrai, même en aimant et en étant aimé, on n'est pas ici-bas exempt de croix. Car, la croix est le chemin royal du salut. Dans la croix, la vie ; dans la croix, le salut ; dans la croix, les suavités célestes, et il n'y a pas d'autre voie de salut, dans l'état de nature déchue, que le chemin de la Sainte Croix. Mais, quelle différence entre la croix de l'incroyant et la croix de celui qui espère et qui aime. Le premier, est seul à la traîner, et il en sent, à la fois, toute l'amertume et tout le poids. Le second, la porte en compagnie du Dieu qu'il aime.

Et, dès que l'on aime, on ne sent plus de peine, ou, si on la sent, on l'aime.

Et quand Dieu veut nous récompenser de notre fidélité, alors, il nous envoie les plus pesantes croix, avec la patience et le courage pour les souffrir noblement.

« Je te montrerai, dit-il à son apôtre, combien il faut que tu souffres pour l'honneur de mon nom ».

Ignores-tu que tu es une pierre destinée à être posée dans l'édifice céleste, et, ne vois-tu pas combien de coups de marteau ne frappe pas l'ouvrier pour l'équarrir et la rendre apte à l'usage ?

Il te faut humilier pour être ; souffrir pour jouir ; mourir pour ressusciter à la grâce, à la gloire.

Ainsi, le raisin a besoin d'être écrasé pour devenir ce nectar, qui, selon l'Ecriture, réjouit le cœur de l'homme. Ainsi, l'olive est condamnée à être posée sous la meule pour s'appeler cette précieuse substance qui possède la propriété de nourrir, d'éclairer, d'adoucir.

Viens donc à moi, s'écrie Dieu, viens, ô mortel ; je porterai une large blessure au beau milieu de ton cœur, et il saignera et il se trouvera heureux ; il espérera ici-bas, et il conquerra là-haut !

A la suite d'un discours aussi éloquent, Anastasia était demeurée touchée, ébranlée, mais elle n'était pas encore entièrement convaincue.

Il est, en effet, si difficile, sans une grâce spéciale, de rompre avec ses habitudes religieuses, ses traditions de famille, pour embrasser une religion, qui ne paraît être rien moins que flatteuse, puisqu'elle impose le renoncement à toutes les passions et la stricte obligation de suivre constamment un Dieu et un Dieu crucifié.

C'est pourquoi, comme Saül, sur le chemin de Damas, Anastasia avait été visitée par la grâce. Mais, comme lui, elle ne s'était pas encore écriée : « Seigneur, que voulez-vous que je fasse ? »

Qui sait, toutefois, s'il n'y aura pas un moment dans sa carrière où elle poussera ce cri libérateur !

## CHAPITRE VI

### Premiers martyrs Scillitains

« A Carthage, le proconsul Saturnin étant assis sur son tribunal, les magistrats firent appeler Spérat, Marzal, Cittin, Donatte, Seconde et Vestine ».

« Le proconsul leur dit à tous : vous pouvez encore espérer le pardon des empereurs, nos maîtres Sévère et Antonin, si vous revenez au bon sens et à nos Dieux ».

Mais tous ces confesseurs s'étant montrés inébranlables, le proconsul Saturnin dit : « Qu'on les mène en prison et qu'on les mette aux entraves jusqu'à demain ».

Le jour suivant, le proconsul, assis sur son tribunal, se les fit présenter et dit aux femmes :

« Honorez votre souverain et sacrifiez aux Dieux ».

Donate répondit : « Nous rendons l'honneur à César comme à César, mais la crainte ou le culte nous le réservons au Christ, vrai Dieu ».

Vestine dit ensuite : « Ce que méditera toujours mon cœur et ce que prononceront toujours mes lèvres, c'est que je suis chrétienne ».

Seconde ajouta : « Je suis chrétienne, je veux l'être et rien ne me séparera de la confession de mes compagnes. Quant à vos Dieux, nous ne les servons ni ne les adorons ».

Le proconsul commanda de les séparer ; puis, ayant appelé les hommes, il dit à Spérat : « Persévères-tu à être chrétien ? » — Spérat répondit : « Oui, je persévère et j'ai la confiance d'avoir cette persévérance chrétienne, non par mes propres forces, mais par la grâce de Dieu. Si donc vous voulez savoir la pensée de mon cœur, je suis chrétien. Ecoutez tous : je suis chrétien ! ».

Tous ceux qui avaient été arrêtés avec lui, l'ayant entendu, se joignirent à sa confession et dirent : « Et nous aussi nous sommes chrétiens tous ensemble».

Le proconsul Saturnin dit : « Peut-être désirez-vous du temps pour délibérer ? »

— Spérat répondit : « Pour une chose si bonne, il ne faut pas de seconde délibération ; car alors nous avons délibéré de ne jamais abandonner le culte du

Christ, lorsque régénérés par la grâce du baptême, nous avons renoncé au diable et suivi les pas du Christ. Faites ce que vous voulez. Nous mourrons pour le Christ avec joie ».

— Le proconsul reprit : « Quels sont les livres que vous lisez en les adorant, et qui contiennent la doctrine de votre religion ? »

Spérat dit : « Les quatre Evangiles de N.-S. Jésus-Christ, les épîtres de saint Paul, apôtre, et toute l'Ecriture inspirée de Dieu ».

— Le proconsul Saturnin : « Je vous donne un délai de trois jours pour rétracter la confesion de cette secte; peut-être aux sacrées cérémonies des Dieux».

— Spérat répondit : « Un délai de trois jours ne pourra point changer notre profession. Prenez plutôt ce temps pour délibérer vous-mêmes, abandonner le culte si honteux des idoles, et devenir un amateur de la religion chrétienne. Que si vous n'en n'êtes pas digne, ne différez pas davantage, prononcez la sentence. Tels vous nous voyez aujourd'hui, tels serons-nous, n'en doutez pas, après les jours du délai. Je suis chrétien, ainsi que ceux qui sont avec moi et nous ne quitterons pas la foi de N.-S. J.-C. Faites ce que vous voulez ».

Le proconsul, voyant leur fermeté, rendit contre eux la sentence, par la main du greffier, en ces termes :

Spérat, Marzal, Cittin, Vetturius, Félix, Aquilin, Lœtantius, Januaria, Générex, Vestine, Donate et Seconde, s'étant confessés chrétiens et ayant refusé l'honneur et le respect à l'empereur, j'ordonne qu'ils aient la tête tranchée.

Cette sentence ayant été lue, Spérat et tous ceux qui étaient avec lui lui dirent:

« Nous rendons grâces à Dieu qui nous fait l'honneur aujourd'hui de nous recevoir martyrs dans le ciel par la confession de son nom ». Ayant dit cela, ils furent menés au lieu du supplice, où ils se mirent à genoux tous ensemble et ayant encore rendu grâces à J.-C., ils eurent la tête tranchée.

Ces douze martyrs, communément appelés les martyrs scillitains, sont les prémices de l'Afrique.

Un exemplaire de leurs actes se termine par ces mots :

« Les martyrs du Christ furent couronnés le 17 juillet et intercèdent pour nous auprès de N.-S. J.-C., à qui l'honneur et la gloire avec le Père et le Saint-Esprit, aux siècles des siècles. Amen (1) ».

En lisant les exploits de ces martyrs,

---

(1) Ruinart, 17 juil.

en voyant leur intrépidité à braver la mort, nous ne pouvons nous empêcher de penser aux paroles de saint Paul qui trouvent ici une si naturelle application : « Je puis tout, en celui qui me fortifie ».

Et pourtant, dans le nombre de ces confesseurs, il y a des vierges si délicates et si jeunes ! Il n'importe ; l'agneau devient, sous la main de Dieu, un lion ; et la douce colombe un aigle intrépide. Il choisit les plus faibles éléments pour opérer les plus grandes choses.

Tant il est vrai que si nous ne pouvons rien par nous-mêmes, nous pouvons tout avec l'aide du ciel, lequel communique alors sa puissance à l'homme et le rend capable des plus hautes et plus difficiles entreprises.

Et, tandis que, selon les lois ordinaires, non seulement l'étalage des instruments de supplice, mais rien que la menace de la mort, suffisent pour ébranler le courage même d'un homme; quant, au contraire, celui-ci se reposera sur son Dieu, il méprisera alors toute chose : dangers, tourments, supplice même, pour arriver à la palme de la victoire.

« La foi, voilà la victoire qui conquiert le monde entier ». Ainsi parle la vérité.

Les apôtres, après avoir donné l'exemple de la faiblesse, destitués qu'ils étaient du secours de Dieu, ont tous fourni celui du courage le plus intrépide, alors qu'ils en ont été favorisés.

Ensuite, les martyrs suivront fidèlement leur exemple, et, comme eux, après avoir été à la peine, ils mériteront d'arriver à la plus haute récompense.

Oh ! qui nous donnera de comprendre, non seulement ce qui tombe sous les sens, mais encore ce qui s'élève au-dessus.

« Si tu connaissais le don de Dieu, et quel est celui qui te parle, non-seulement tu lui donnerais à boire, mais encore tu le prierais de te donner de cette eau qui rejaillit jusqu'à la vie éternelle ! »

Ainsi parlait le Christ à la Samaritaine.

Or, qu'est-ce que cette eau, sinon la grâce, qui est une quasi participation de la nature divine, éclairant notre intelligence, fortifiant notre volonté, inondant notre cœur des plus entières consolations ?

Si nous savions apprécier ce don, certainement que nous le demanderions et qu'il nous serait accordé !

Reconnaissons du moins notre aveuglement, et, avec cet humble de l'Evangile, répétons cette belle prière : « Seigneur, faites que je voie ! »

Que les yeux de mon âme s'ouvrent à l'intelligence de vos mystères, autant du moins que cela est possible à une créature, afin que, de plus en plus, je puisse apporter le témoignage de ma foi ; que ma bouche puisse articuler l'hymne de la reconnaissance, et mon cœur celui de l'amour !

C'est ainsi, qu'après avoir cru, espéré, aimé, il nous sera un jour donné, non plus d'espérer et de croire, mais de posséder, mais de jouir, mais d'aimer et de trouver dans cette possession, dans cette jouissance et dans cet amour, le principe d'une félicité, qui n'aura pas plus de terme que de comparaison, avec aucune des félicités de la terre.

Alors, en compagnie des élus du ciel, il pourra nous être donné de nous écrier :

« A celui qui siège sur le trône et à l'agneau : bénédiction, honneur, puissance et gloire dans tous les siècles des siècles » (1).

(1) Apoca, IV.

# CHAPITRE VII

### Trahison

Nous avons déjà eu l'occasion de faire le portrait de Persia ; on comprendra plus facilement la différence de valeur dans les esclaves quand on saura que la maison Vivia était représentée par deux éléments : l'un chrétien, l'autre payen. Celui-ci personnifié par la mère et les enfants ; celui-là représenté par le chef de la maison.

Il y avait alors à Carthage un homme libre appelé Corvus, possédant les bonnes grâces de l'esclave payenne. L'ignorance, en lui, le disputait à l'absence de toute valeur morale. Néanmoins, il ne manquait pas d'intelligence.

Il existait aussi, à la même époque, un homme nommé Calvinius. C'était un Romain de noble naissance et de beaucoup d'instruction. Son père avait été proconsul à Carthage, où il avait exercé toutes les injustices imaginables. Après s'être grandement enrichi, il avait, par ses dissipations continuelles, beaucoup ébranlé sa fortune. Son fils, venant à lui succéder, l'avait presque entièrement compromise par son luxe et l'amour déréglé des plaisirs. Il était donc ruiné et en train de refaire sa fortune, n'importe à quel prix.

Au reste, il possédait toutes les aptitudes nécessaires pour préparer la trame la plus compliquée, et la conduire à son succès, à savoir : l'astuce, l'hypocrisie, l'énergie, l'audace.

Au moment de l'édit de persécution, il se rappela une circonstance toute fortuite, qui toutefois pouvait être précieuse pour lui, et servir hautement ses intérêts.

Corvus, qui était un ami de cabaret, lui avait raconté quelque temps avant la persécution, qu'une de ses amies, ayant à pénétrer dans la chambre de sa maîtresse, l'avait surprise en prières, immobile et les yeux fixés sur un crucifix. Cette amie n'était autre que Persia, et cette maîtresse, Perpétua. Elle était, ce jour-là, si profondément absorbée dans son occupation qu'elle n'avait guère aperçu son esclave, laquelle en avait profité pour s'éloigner.

Il n'y avait dès lors pas de doute que, dans cette famille, un membre du moins était chrétien. Or, en temps de persécution, il existait une loi portant que les biens des chrétiens convaincus seraient dévolus aux dénonciateurs.

La loi ajoutait toutefois que, en cas de calomnie, les dénonciateurs seraient condamnés aux mêmes peines qu'auraient encourues les personnes prétendues coupables. — Or, étant donné que la maison de Perpétua était une des plus riches aussi bien que des plus nobles de Carthage, il n'hésita pas de courir les chances de la fortune la plus souriante. Il alla la dénoncer à l'empereur. Aussitôt on expédie des soldats au palais de cette dame, mais on le trouve presque désert. Il n'y avait là que le malheureux père qui était payen et que, conséquemment, on ne pouvait arrêter.

Il fallait donc que Calvinius pût mettre la main sur Perpétua, sous peine, au cas contraire, de se compromettre peut-être lui-même.

Alors il songea forcément à Corvus et se détermina de l'accepter comme dénonciateur, et, en même temps, comme associé de la fortune éventuelle.

Corvus, dit-il, est l'ami de Persia. Celle-ci est encore au service de la famille Vivia. C'est pourquoi, dès qu'elle sera gagnée par son ami, il est impossible qu'il ne se présente une circonstance favorable pour découvrir la retraite de cette chrétienne. Il va donc trouver son vieil ami qui accepte avec empressement la proposition, et promet d'y intéresser non moins l'Asiatique.

Aussitôt un rendez-vous est donné à celle-ci. Elle est mise au courant de tout. Il s'agit, dit Corvus, au prix d'une adresse, d'assurer à jamais notre fortune. Il convient dès lors que tu sois aux aguets. Il n'est pas possible que tu ne profites d'une occasion favorable pour surprendre un secret.

Aussi, mon amie, conclut-il, alerte, afin de profiter de l'occasion rare qui se présente pour assurer notre avenir.

Et celle-ci de répondre : « Malgré la répugnance que j'éprouve de faire du mal à qui ne m'a toujours fait que du bien, je suis néanmoins disposée à te seconder, selon toutes mes forces ; mais, en premier lieu, je désire savoir les conditions mises à récompenser ce dévouement ».

— Consens-tu enfin à m'épouser ?
— Oui, répondit son interlocuteur.

Cela ne suffit pas, dit-elle. Consens-tu à faire de moi, par le mariage, non pas une esclave que je n'ai que trop été, mais une véritable épouse. De façon que, selon mes désirs, je puisse disposer d'une partie de la fortune. Avec vous autres, hommes, il faut mettre, au préalable, les points sur les i ! Car, bien souvent, vous donnez, tout d'abord, de belles promesses, sauf à n'en tenir aucune dans la suite.

Tu comprends, par exemple, que si ayant à exécuter un voyage, j'ai besoin de boire un coup, je ne dois pas être arrêtée par la maudite question d'argent.

— Boire un coup, répondit l'autre ?

— Hé parbleu, je ne dis pas dix, reprend Persia.

Mais, lui repartit son ami, c'est que on peut en boire dix en un seul.

Oh grand Dieu! répondit la servante, je bois à ma convenance, quand il fait trop chaud ou trop froid, et, je t'assure que ma tête m'avertit merveilleusement quand j'en ai assez.

Ensuite, pour le bonheur de notre

hyménée, ce que j'ai hautement à te recommander c'est d'éviter la jalousie.

Vois-tu, mon ami, vous autres hommes, vous ne saisissez guère bien ce type qu'on nomme la femme. Cela se conçoit un peu, vu la différence des sexes : Crois en ma vieille expérience, plus on témoigne de confiance à une compagne, lui abandonnant en partie les rênes du commandement, et plus aussi on est sûr de sa fidélité et de son inaltérable attachement. Que si on l'entoure de défiance, la femme, qui est aussi vindicative que fine, saura toujours terriblement se venger. Elle est, en effet, passe-moi l'expression, comme le chat ; si tu le caresses, il est pour toi, soie et hermine ; si, au contraire, tu l'excites, il te régale force coups de griffes et de dents.

— Merci du compliment, fit l'autre.

Elle poursuivit ainsi son discours :

Vois-tu, mon cher, on ne conçoit bien de bons soldats sans le champ de bataille, ni de matelots sans les tempêtes de l'océan; ainsi, ne peut-on imaginer de femme vraiment forte sans l'épreuve du danger. Le mal est comme l'ombre. Si tu la fuis, elle s'attache à tes pas ; si, au contraire, tu la poursuis, elle s'évanouit aussitôt d'elle-même. Ainsi en va-t-il du mal.

Je le sais, par expérience propre, car, au milieu de tant de dangers où j'ai vécu, j'en suis toujours sortie, et plus aguerrie et plus chaste que jamais.

Belle théorie, répondit son ami. Jusqu'ici, j'avais toujours crû que la meilleure sauve-garde d'une femme est la modestie et la prudence ; à mon grand étonnement, tu viens soutenir une doctrine tout opposée.

Persia : Hé bien oui, je savais à l'avance que tu n'étais pas à même de me comprendre ni de me goûter. Pourtant, ce que j'ai dit c'est la vérité.

Corvus : Mais qu'as-tu encore à ajouter ?

Persia : J'ai à te dire que, quand nous jouirons de notre fortune, le monde, qui jusqu'ici nous a méprisés, nous adorera. On nous reconnaît présentement tous les vices possibles ; on nous trouvera alors toutes les qualités les plus extraordinaires. Et je saurai bien me venger de tout ce qu'on m'a fait, je te l'assure.

Dans ma direction de famille, j'adopterai le gouvernement absolu, qui est celui qui me convient le plus. Ce sera le dent pour dent, œil pour œil que je servirai.

Toi qui as toujours joui de la liberté, tu ignores ce que c'est qu'être esclave, souffrir sous un tyran ayant droit de vie et de mort sur toi. Laisse-moi parler en connaissance de chose sur ce chapitre. J'ai vu, sous d'autres maîtres que j'ai servis, des serviteurs sacrifiés aux caprices d'un maître. J'ai subi moi-même tant de mauvais traitements, pour les motifs quelquefois les plus futiles. Je dois reconnaître pourtant que je n'ai jamais eu à me plaindre de mes maîtresses actuelles. Je ne puis cependant en dire autant de mon maître.

Que de fois, en effet, par suite d'un mécontentement de celui-ci, ta servante s'est-elle vue précipiter comme une masse par l'escalier et tomber lourdement jusqu'au fond ; je t'assure que cela n'était pas gai du tout.

— Corvus : Et tu te faisais beaucoup de mal ?

— Persia grimaçante : Non, je me

faisais beaucoup, beaucoup de bien.

Pour t'en rendre un compte sérieux, il faudrait, mon très cher, pour une fois au moins, que tu eusses la chance d'éprouver le même sort. Je t'assure que cela t'en apprendrait plus que toutes les paroles les plus éloquentes.

— Corvus : Bien merci ; c'est ce dont je n'ai nulle envie.

— Persia : Hé bien, dans ce cas on se montre un peu plus compatissant envers autrui ou du moins plus poli.

— Corvus : Je sens que tu as raison une fois dans ta vie.

— Persia : Mais, je l'ai toujours, et si toujours on ne me la donne pas, c'est qu'on ne me comprend guère, ou qu'on me comprend mal, voilà tout.

Vois-tu ? Si ma tête ne s'est pas mille fois cassée en morceaux, ce n'est certes pas faute de chutes ou de coups, mais bien grâce à sa vigoureuse constitution.

Il est pourtant un de mes organes qui a été la plus victime de ces infâmes traitements, et est resté ce qu'il est devenu : je veux te parler de mon nez.

Les chutes unies aux coups, ont cassé l'os nasal et complètement déformé cet appendice, jusqu'à en faire le nez un peu épaté que tu vois.

— Corvus : Tu veux dire beaucoup !

— Persia : Chaque fois que je me rappelle mon nez primitif qui, crois-le bien, n'était guère ridicule, et que, dans la transparence des eaux, j'aperçois celui que les traitements m'ont régalé; instinctivement, je ne puis m'empêcher de serrer les dents et de lever les poings en l'air.

L'heure de la justice semble aujourd'hui avoir sonné. Hé bien, je crie de toutes mes forces : Vengeance, vengeance. Qu'elle éclate et surtout qu'elle soit aussi inexorable que les traitements subis ont été barbares et iniques !

— Corvus : Concluons !

Il t'appartient d'arriver à de magnifiques résultats ; mais pour cela il faut que tu sois vigilante, afin de profiter de la première occasion pour découvrir le lieu de retraite de la fugitive.

Persia : Sois tranquille ; c'est mon affaire, et, en disant ces mots, elle le congédia.

Tout en s'éloignant, Corvus se disait : Tout de même ne faut-il pas avoir une terrible malechance pour être réduit à acquérir une si encombrante créature !

Et dire que, sans nul doute, par une amère dérision du sort, elle s'appelle non seulement Persia, mais encore Victoria.

Ah certes ! Au jour de mes noces, il y

aura tout lieu de s'écrier : Victoire, victoire !

Mais que faire ? Il faut péniblement se résigner, puisque la fatalité en a ainsi décidé. Si j'allais me refuser au mariage, cette femme s'en vengerait facilement en révélant des choses qui me perdraient entièrement.

Je ferai, pour arriver à la fortune, ce que pratiquent ordinairement les malades pour arriver à la santé. Bien qu'en esquissant force grimaces, ils se résignent alors à prendre les remèdes les plus répugnants.

Ainsi me comporterai-je le jour où il s'agira de conquérir l'incomparable Persia-Victoria !

## CHAPITRE VIII

### Incidents divers

La méchante esclave ne tint que trop parole. Elle était tout yeux et tout oreilles, épiant une occasion favorable pour perdre.

Une nuit, à deux heures du matin, on frappe à la porte de la maison. Le père de Perpétua descend ouvrir. Un inconnu entre. C'était ce chrétien qui avait accompagné sa fille, et venait confidentiellement apporter des nouvelles de sa famille. Ils pénètrent d'abord dans un grand salon ; puis, dans une chambre, sur laquelle ils ferment la porte.

Dans cet intervalle, semblable à une tigresse sortant de son antre, la perfide, avait, nus pieds, abandonné sa chambre et, à pas de loup, s'était laissé glisser sur le palier précédant le salon, croyant que les deux interlocuteurs étaient là. Mais illusion : le salon était vide. Tout à coup elle entendit un léger bruit dans la chambre. Elle colle son oreille contre la porte ; malgré cela, elle ne peut rien entendre et se trouve dans une situation bien dangereuse. Persistons toujours, dit-elle, et jouons notre dernière carte. C'est le cas où jamais de le faire.

Enfin, ô joie ! un mot, un seul, mais malheureusement un mot révélateur vient frapper son oreille. Elle recueillit ces paroles : Anastasia y pense. Puis, rien autre. Mais c'était assez.

Ivre de joie, elle regagne en toute hâte sa chambre. Elle comprend maintenant le fond du mystère. Perpétua, se dit-elle, est, sans nul doute, chez Anastasia, son amie.

En vérité, bien que celle-ci soit payenne, ce lieu était bien choisi, mais il est enfin découvert ! O jour, ajouta-t-elle, pourquoi tardes-tu de paraître ?

Dès que les premiers rayons du soleil se montrèrent, l'heureuse nouvelle est contée à son ami. La justice en est aussitôt saisie ; la nuit suivante, des soldats sont prêts à partir.

Quelques jours avant ces événements, Perpétua qui approchait de son septième mois de grossesse, avait décidé de revenir aux catacombes. Sa mission auprès d'Anastasia était achevée. Le succès en appartenait désormais à Dieu seul. Un fidèle chrétien et son esclave Zoé étaient donc partis cette nuit même avec une voiture. Tout à coup, ils découvrent dans le lointain des soldats voyageant dans la même direction qu'eux.

Craignant qu'ils ne soient envoyés pour arrêter Perpétua, ils commencent par bien fouetter leurs chevaux, dans l'espérance d'avoir une avance. Ils y réussissent. Mais, ô déception ! arrivés devant le château, ils voient la maison entourée d'autres troupes. C'était une avant-garde qui avait été expédiée et avait rendu leurs efforts bien infructueux. Aussitôt, les soldats les approchent et leur demandent ce qu'ils viennent faire là. — Nous sommes, leur répondent-ils, au service actuel du château. — Restez où vous êtes, leur est-il répondu, et n'approchez pas de la maison.

Dès que les premières lueurs du jour

commencent à poindre, le chef frappe à la porte et, au nom de la loi, demande à entrer.

On n'avait pas attendu ce moment pour les signaler. Perpétua qui attendait les envoyés, avait tout d'abord saisi les pas d'un grand nombre de personnes, puis le roulement du charriot. Mais, voyant qu'on n'approchait pas, elle avait conclu qu'elle était cernée et, sous la garde de son Dieu, elle s'était préparée à tout événement.

D'autre part, la fidèle Anastasia avait aussi tout aperçu. Mais elle avait compris l'impossibilité d'abandonner le château. Elle attendait donc, prête à profiter du premier moment favorable. Une chose la peinait le plus : c'est que, dans la maison habitée par son amie, il existait une cachette des plus sûres qu'elle n'avait pourtant pas fait connaître. Et maintenant, pourrait-elle précéder les soldats et s'en servir pour le salut de son amie comme de celui de sa famille ?

La justice se mit donc à inspecter le château, depuis le haut jusqu'au bas, avec la ferme conviction de trouver la fugitive. Mais ce fut en vain. Après des efforts infructueux, force leur fut de porter ailleurs leurs recherches.

Sachant qu'il y avait dans cette campagne d'autres constructions, ils demandèrent à les visiter. Le père d'Anastasia s'en fit donner les clefs, et s'offrit de les accompagner. La clef d'une de ces maisons avait été intentionnellement oubliée. Celui-ci les dirigea dans la direction opposée à la maison suspecte.

A peine les soldats se sont-ils éloignés qu'Anastasia, prompte comme l'éclair, vole jusqu'à cette maison ; se précipite vers Perpétua, puis, la prenant par le bras : Vite, dit-elle, sauve-toi, et sauve-nous. Puis, s'approchant d'un tableau appendu au mur, elle presse un bouton. C'était un de ses yeux en cristal. Il était si bien imité, qu'il ressemblait parfaitement à celui qui était peint sur la toile.

Un souterrain s'ouvre devant elles. Perpétua ne voulait tout d'abord pas se sauver; mais quand Anastasia eût ajouté ces mots : Sauve-nous, elle s'était décidée à obéir.

Pousse la porte, dit son amie; elle la pousse; le ressort s'ébranle, l'œil un moment disparu reparait, et le portrait reprend sa physionomie accoutumée.

Cela fait, Anastasia se sauve aussitôt chez elle. A peine y était-elle, qu'un soldat vient lui demander la clef de cette maison. Le capitaine avait, en effet, représenté que le maître comptait quatre maisons dans sa campagne et qu'il n'était en possession que de trois clefs.

On y pénètre donc ; on cherche, on fouille, on sonde et l'on ne peut rien trouver. Cependant il y avait différents objets qui avaient éveillé l'attention du capitaine. C'était la découverte dans la maison de vêtements de femme riche, de comestibles tout à fait frais.

On eût beau recourir à des réponses adroites, l'on finit par se contredire, et l'on convainquit davantage l'officier de la présence de la fugitive.

Il se mit donc à faire des recherches dans les différents meubles et y trouva les pièces les plus compromettantes.

Dans la précipitation de sa fuite dans le souterrain, Perpétua avait oublié sur le secrétaire une lettre encore inachevée destinée à sa mère ; de plus, son crucifix en or. La preuve était dès lors faite, et elle était des plus probantes.

C'est pourquoi le chef menace d'arrêter toute cette famille au cas où la chrétienne ne lui serait pas aussitôt livrée.

— Vous pouvez nous arrêter, si vous voulez, dit celui-ci ; mais il n'est pas possible de constituer ce qu'on ne possède pas. Comment pouvez-vous jamais penser qu'une chrétienne vienne demander l'hospitalité chez une famille aussi payenne que la nôtre?

— Perpétua, lui fut-il répondu, est l'amie de votre fille ; elle jouit de plus de votre estime à tous. Au reste, nous avons des preuves certaines de la présence de la prévenue chez vous. Ainsi, voulez-vous vous exécuter ?

— Il m'est impossible de le faire, dit l'autre.

— Dans ce cas, répartit le capitaine, au nom de la loi, je vous arrête tous.

A ces mots, une voix se fait entendre

derrière la toile : c'était celle de Perpétua.

Anxieuse, elle avait suivi les différentes péripéties de cette affaire.

— Arrêtez-moi dit-elle, mais ne leur faites aucun mal.

Puis, un bruit se produisit sur la toile qui se souleva vivement sous la poussée des doigts. Elle s'était trahie, et force fut à Anastasia de toucher au bouton.

Alors, une jeune dame, d'une majesté, d'une beauté et d'une modestie incomparables s'offrit à leurs regards éblouis. Elle fut aussitôt arrêtée et conduite sur la place du château. Là, on réquisitionne le charriot sur lequel on la fait monter.

Mais, au moment de partir, par suite, sans nul doute, des émotions éprouvées, elle est prise de fortes douleurs et se trouve dans l'impossibilité de voyager. On est contraint de la faire entrer dans la maison. Les pronostics de l'accouche-

6.

ment s'annoncent ; elle donne la vie à un bel ange qu'elle baptisera elle-même, quelques jours après.

Puis, au milieu de la troupe, elle reprend le chemin de la prison.

Après ces incidents, le chrétien et Zoé partent en toute hâte pour Carthage. Il fallut attendre la nuit pour annoncer les événements aux catacombes et au père de Perpétua.

A cette nouvelle, la mère de la prisonnière ne se possède plus : elle demande de courir auprès de sa fille, pour la soutenir, la consoler, mourir, s'il le fallait, avec elle. Ce vœu fut exaucé.

On s'efforça de retenir le reste de la famille. Mais ce fut en vain ; un autre membre la suivit.

— Là où est la mère et la sœur, s'écria Satur, là doivent aussi se grouper les enfants.

Le plus à plaindre de tous était le malheureux père. Il avait, pour Perpétua surtout, une affection sans bornes; il voyait sa famille exposée à la misère, à la mort et, croyait-il, à la honte, et, pour se consoler, il était destitué de tous les puissants secours de la religion.

Aussi inspirait-il, comme de raison, la plus haute compassion.

Aussitôt après sa sortie des catacombes, Satur va trouver le proconsul : « Vous avez, dit-il, arrêté ma sœur, comme chrétienne, arrêtez-moi aussi, je vous prie, car je suis chrétien et désireux de courir la même fortune qu'elle ».

Ses vœux sont exaucés, il est incontinent appréhendé.

## CHAPITRE IX

### Relation de Perpétua

#### PREMIÈRE VISION

Il est nécessaire, tout d'abord, que nous fournissions quelques renseignements sur Perpétua.

Notre héroïne a 22 ans. Elle se trouve unie à un homme de noble condition comme elle.

Un cancer à la figure a enlevé son frère Dinocrate à l'âge de sept ans. Deux autres lui restent en compagnie de sa mère et de son père, qui était seul payen.

Elle était catéchumène quand elle fut arrêtée avec l'esclave Félicité et quatre jeunes gens : Saturnin, Revocat, Secondule et Satur, de conditions diverses.

Ayant eu un enfant, elle voulut l'allaiter elle-même. C'est du fond de sa prison qu'elle nous fait le récit de son combat. Rien de plus simple, de plus candide, de plus éloquent que l'histoire qu'elle nous en a laissé. C'est, à plus d'un point de vue, un des plus célèbres monuments de l'antiquité chrétienne (1). Ecoutons-là :

« Nos persécuteurs nous gardèrent quelques jours dans une maison particulière avant de nous mettre en prison. Mon père, qui m'affectionnait tendrement, accourut aussitôt et fit tous ses efforts pour me faire changer de résolution.

(1) RUINART, Act. II., 17 Juill.

Comme il insistait : « Mon père, lui dis-je, voyez-vous ce vase qui est là ? — Oui, me répond-il. — Peut-on lui donner un autre nom que le sien? — Non. — Je ne puis non plus me dire autre que je ne suis, c'est-à-dire chrétienne ». A ces mots il se jette sur moi comme pour m'arracher les yeux, mais il ne me fait pas de mal ; et bientôt, confus de son emportement, il se retira vaincu avec tous les artifices du démon. Il ne revint pas de quelques jours. J'en remerciai Dieu et je goûtai un peu de repos. Dans ce court intervalle, nous fûmes baptisés. Le Saint-Esprit m'inspira au sortir de l'eau de ne demander à Dieu qu'une chose : la patience dans les tourments.

« On ne tarda pas à nous conduire en prison. En y entrant, je fus saisie d'horreur, je n'avais jamais vu ces sortes de lieux. Oh ! que ce jour fut long ! Quelle infection et quelle chaleur ! On y étouffait, tant étaient pressés les malheureux qui s'y trouvaient enfermés. Ajoutez à ces incommodités la brutalité des soldats qui nous gardaient. Mais ce qui me causait beaucoup de peine, c'est que je n'avais pas mon enfant. Enfin, deux diacres obtinrent à prix d'argent qu'on nous mit dans un lieu où nous pûmes respirer et voir les personnes qui venaient nous visiter. Là, chacun songea à ce qui le regardait. Pour moi, je n'eus rien de plus pressé que d'allaiter mon enfant, qu'on m'avait apporté et qui mourait de faim. Je le recommandai instamment à ma mère et à mon frère. Je les consolai eux-mêmes ; je souffrais sensiblement de l'affliction que je leur occasionnais. Ces peines durèrent plusieurs jours ; mais, comme j'obtins qu'on me laisserait mon enfant, elles se dissipèrent peu à peu, et la prison même me devint un séjour agréable.

« Mon frère, un jour, me dit : « Vous avez beaucoup de crédit auprès de Dieu, demandez-lui, je vous prie, qu'il vous fasse connaître si vous êtes destinée au martyre, ou si vous serez renvoyée ». Comme je savais que j'avais quelquefois le bonheur de m'entretenir avec Dieu, et qu'il me comblait de ses faveurs, je répondis, pleine de confiance, à mon frère : Revenez demain et je vous dirai ce qui doit arriver. Je demandai donc à mon Dieu qu'il daignât m'envoyer une vision, et voici ce qu'il me fut montré :

« Je vis une échelle d'or d'une prodigieuse hauteur, qui de la terre allait jusqu'au ciel; mais si étroite qu'il ne pouvait y monter qu'une personne à la fois. Les deux côtés étaient hérissés d'épées, de lances, de faulx, de poignards, en sorte que celui qui y serait monté sans une grande circonspection et sans regarder continuellement en haut, n'aurait pu manquer d'être blessé et déchiré. Au pied de l'échelle, était couché un dragon terrible, tout prêt à s'élancer sur ceux qui voulaient monter. Satur toutefois l'entreprit. Il n'était pas d'abord avec nous quand nous fûmes arrêtés, mais il s'était rendu volontairement prisonnier pour courir notre fortune. Arrivé heureusement au haut de l'échelle, il se tourna vers moi et me dit : Perpétua, je vous attends, mais prenez garde au dragon. Je lui répondis : Il ne me fera point de mal ; je vais monter au nom de Jésus-Christ. Alors le dragon, comme s'il avait eu peur de moi, détourna doucement sa tête ; je mis le pied dessus, il me servit de premier échelon. Lorsque je fus montée, devant moi s'ouvrit un jardin immense, au milieu duquel je vis un homme de haute taille et d'un air vénérable. Il avait l'habillement d'un berger; ses cheveux étaient blancs comme la neige; il tirait le lait de ses brebis, environné d'une multitude de personnes vêtues de blanc. Dès qu'il m'aperçut, il m'appela par mon nom. — Ma fille, ajouta-t-il, soyez la bienvenue. — Il présenta à mes lèvres une nourriture délicieuse, faite avec ce lait, que je reçus en joignant les mains. Tous ceux qui étaient présents répondirent : Amen. Ce bruit m'éveilla; ma bouche conservait encore un goût exquis.

Je racontai cette vision à mon frère, et il en conclut, comme moi, que je souffrirais le martyr avec les compagnons de mes chaînes. Dès ce moment toutes nos espérances se détachèrent de la terre pour se porter vers le ciel »:

— Nous cueillons ces deux perles dans la première narration de Perpétua : La première réside dans cette réflexion qu'au sortir du baptême, le Saint-Esprit lui suggéra de demander uniquement la patience. C'est, en effet, « dans la patience que vous posséderez vos âmes », dit l'Ecriture. C'est ainsi, ajoute-t-elle, dans un autre endroit, « que vous arriverez à couronner vos efforts ».

Puis, nous relevons cette autre perle : « que la prison même lui était devenue agréable, à raison de la présence de son enfant ».

O puissance de l'affection qui n'est qu'une faible image de celle que nous devons réserver au Créateur ! Elle suffit pour jeter du charme, de la poésie sur l'existence. Que sera-ce quand celle-ci se double de l'amour pour Dieu ? La vie subit alors une transfiguration, tout autrement élevée, tout autrement méritoire.

Que signifie ensuite cette échelle d'or, allant de la terre au ciel et si étroite qu'il ne peut monter qu'une seule personne à la fois ?

Que veulent dire ces épées, ces lances, ces faulx, ces poignards qui la hérissent de tout côté, et dont, à moins de regarder en haut, il est impossible d'éviter les blessures ? Quelle signification enfin attacher à ce terrible dragon prêt à s'élancer sur le premier qui en tenterait l'ascension ?

L'échelle est en or (1) ; c'est, en effet, le chemin béni qui peut nous conduire à la richesse, à la vie, à la gloire. Elle s'élève de la terre au ciel, car elle y conduit ceux qui s'y engagent avec les précau-

(1) Patro. lati. III. dissert. 62, passim.

tions nécessaires. C'est une voie étroite. Elle rappelle ces paroles de l'Ecriture : « Oh! que la voie qui conduit au ciel est étroite et combien peu savent la trouver ! »

Elle est hérissée d'armes de toutes sortes, car pour arriver au bonheur éternel nous avons à lutter contre la triple concupiscence dont nous portons le germe : la conscupiscence des yeux, de la chair, l'orgueil de la vie.

Nous avons, en outre, à combattre contre les ennemis extérieurs qui ne sont pas moins redoutables. Le dragon n'est pas autre chose que le démon, lequel est bien le lion rugissant, rôdant sans cesse autour de nous pour nous dévorer (1).

Mais heureux nous-mêmes si nous

---

(1) Saint-Pierre, c. v. ; David, 6 Ps. 90.

avons les yeux toujours dirigés vers le ciel ; nous le vaincrons alors infailliblement.

Ecoutons David : « Parce que vous avez pris le Très-Haut pour votre demeure, le mal n'approchera pas de vous et les fléaux s'éloigneront de votre tente ».

Le Seigneur a ordonné à ses anges de vous garder dans toutes vos voies (1).

« Ils vous porteront dans leurs mains de peur que votre pied ne heurte contre la pierre.

« Vous marcherez sur le lion et l'aspic, vous foulerez aux pieds le lionceau et le dragon ».

Le berger symbolise le bon pasteur qui est Jésus-Christ. Cela résulte de différentes inscriptions ciselées sur des ca-

(1) DAVID, Ps. 90.

lices ou gravées sur le marbre et le tuf, et découvertes dans les catacombes.

Au reste, n'est-ce pas sous cette figure qu'il s'est représenté lui-même dans l'Evangile. « Je suis, dit-il, le bon pasteur qui donne sa vie pour ses brebis ». Je les conduis aux gras pâturages où ils peuvent se nourrir; je les désaltère aux meilleures sources. Je les connais et elles me connaissent. Et quand quelqu'une de mes brebis s'est éloignée des autres fidèles, je les abandonne alors momentanément pour courir après la brebis égarée et je ne me donne de cesse que quand, posée sur mes épaules, je la ramène au bercail. Car, ajoute-t-il, il y aura plus de joie dans le ciel pour la conversion d'un pécheur que pour la persévérance de quatre-vingt-dix justes.

La bouchée reçue est la figure de l'Eucharistie. Elle est délicieuse comme elle, puisqu'elle produit dans les âmes bien disposées les plus merveilleux effets. Elle fortifie et inonde notre âme des consolations les plus profondes et plus ineffables.

Perpétua et son frère comprennent que cette vision leur indique, à la fois, le combat, la victoire et le triomphe.

Le combat d'abord : en effet, l'échelle hérissée et le dragon qui en garde l'accès en sont les augures. Elle sait néanmoins qu'elle espère en Dieu et elle n'ignore pas que ceux qui mettent en lui leur confiance ne sont jamais confondus.

De plus, la bouchée qu'elle reçoit le lui fait encore plus présager. Car, dans l'Église chrétienne, on avait coutume dès la veille de munir de ce précieux gage de résurrection ceux qui allaient au martyre.

Enfin, l'invitation du vénérable vieillard, l'appelant sa fille et l'introduisant dans un séjour enchanteur, ne peut lui laisser de doute concernant son triomphe.

Elle comprend qu'elle aura à affronter un terrible combat ; qu'elle sera ensuite aidée par la grâce de Dieu, en qui elle a mis sa confiance ; enfin qu'elle recevra les plus magnifiques récompenses dans le ciel : théâtre de son couronnement.

Seulement, par humilité, elle ne parle dans son récit que du martyre qu'elle subira. Elle passe sous silence les grâces que Dieu lui fournira et les récompenses qu'elle recevra en retour de son courage, de sa fidélité, de son amour à l'égard de son céleste époux.

# CHAPITRE X

## Relation de Perpétua

### 2⁰ VISION

Dans notre dernier chapitre nous avons entendu Perpétua se plaindre de la puanteur et de la chaleur régnant dans la prison.

Nous en serons moins étonnés quand nous saurons de quelle façon elles étaient alors construites.

Il nous reste heureusement encore à Rome deux ou trois restes d'antiques donjons dont les antres ne différaient guère. C'étaient deux chambres carrées et souterraines, possédant au haut du plafond une ouverture en rond par où passaient, à la fois, l'air, la lumière, les aliments, les prisonniers. Il n'y avait pas d'autre ouverture que celle-là ; et quand l'étage supérieur était rempli de prisonniers, ce qui arrivait fréquemment, on peut comprendre le sort de ceux qui se trouvaient au-dessous.

Il y avait au mur de ces constructions des anneaux, auxquels on attachait les prisonniers. Pour les torturer davantage on répandait sur le sol des débris de verre. Aussi voyons-nous, par les actes des martyrs, que plus d'un d'entre eux mourait dans la prison même (1).

Perpétua poursuit ainsi son récit :

« Peu de jours après, le bruit s'étant

---

(1) VISEMAN. *Fabiola*, 257.

répandu que nous allions subir l'interrogatoire, je vis monter mon père dans la prison. La douleur était peinte sur son visage; on voyait qu'il était en proie au plus grand chagrin. Ma fille, me dit-il, ayez pitié de votre père, si je mérite que vous m'appeliez encore de ce nom. S'il vous reste quelque souvenir des soins que j'ai donnés à votre éducation ; s'il est vrai que je vous ai toujours chérie plus que mes autres enfants, ne me rendez pas l'opprobre de toute une ville. Songez à vos frères, à la mère de votre époux, à votre propre mère ; songez à votre enfant qui ne pourra vivre sans vous. Quittez cette fierté, laissez-vous fléchir et n'allez pas nous couvrir tous d'une honte ineffaçable. Qui de nous osera se montrer si vous terminez vos jours par l'infamie du supplice. Sauvez-vous pour ne pas nous perdre tous ».

« En parlant ainsi, il me baisait les mains, les arrosait de ses larmes. Dans l'excès de sa tendresse, il se jetait à mes pieds et me disait non plus ma fille mais madame. Ses instances et ses plaintes me perçaient le cœur, surtout lorsque je considérais qu'il serait le seul de la famille qui ne comprendrait pas le bonheur de mon martyre. Je tâchai de le consoler. « Mon père, lui dis-je, il arrivera de nous ce que Dieu voudra ; car nous ne sommes pas en notre puissance, mais en la sienne. Il se retira dans un abattement inexprimable ».

« Le lendemain, comme nous prenions notre repas, on vint tout à coup nous enlever pour comparaître devant le juge. Nous trouvâmes la place couverte de peuple. On nous fit monter sur une espèce de théâtre où était dressé le tribunal du proconsul.

« Mes compagnons, interrogés les premiers, confessèrent hautement leur foi. Mon tour vint; comme je me préparais à répondre, mon père parut avec mon enfant, qu'il faisait porter par un domestique. Il me prit par la main, et, m'éloignant un peu du tribunal, il renouvela les plus vives et les plus touchantes supplications. Le président se joignant à lui : « Quoi, me dit-il, ni les cheveux blancs d'un père que vous allez rendre le plus malheureux des hommes, ni l'innocence de cet enfant qui va devenir orphelin, ne font aucune impression sur vous ? Sacrifiez, pour la prospérité des empereurs. »

Je répondis : Je ne sacrifierai point. — Vous êtes donc chrétienne ? — Oui, je suis chrétienne.

Cependant mon père, qui dans l'espoir de me gagner se tenait toujours près de moi, reçut un coup de baguette d'un huissier qui avait ordre de le faire retirer. Je ressentis vivement ce coup ; je soupirais de voir mon père indignement traité à cause de moi et je plaignis sa malheureuse vieillesse. Le président prononça notre sentence et nous condamna tous à être exposés aux bêtes. Nous descendîmes du tribunal et nous reprîmes gaiement le chemin de la prison. Dès que je fus rentrée, j'envoyai le diacre Pompone demander mon enfant à mon père, qui ne voulut point me le rendre. Par une permission spéciale de la Providence, quoique l'enfant ne demandât plus à s'approcher de mon sein, je ne fus pas incommodée de mon lait. Cette nouvelle faveur du ciel me délivra de ma plus vive inquiétude et me rendit ma liberté d'esprit ».

— On peut se demander : Qu'est-ce

donc que le martyre pour qu'il tente à ce point l'ambition d'une femme à la fleur de l'âge, et dans la situation la plus heureuse ?

Le martyre n'est pas autre chose qu'une triple confession de foi, d'espérance et de charité.

De foi d'abord, car par là le chrétien s'appuie avec confiance sur la parole infaillible d'un Dieu, qui a déclaré bienheureux ceux qui souffrent persécution pour la justice et leur a promis le royaume des cieux. On comprend combien, au sein même des plus rudes épreuves, cette croyance engendre en lui de force et de vaillance pour affronter les souffrances de la vie et en triompher.

« La foi, dit l'Ecriture, voilà la victoire triomphant du monde entier ».

Ensuite c'est une confession d'espérance. En effet, le martyr croit déjà entrevoir la réalisation des promesses faites par rapport à l'autre monde et à ses inestimables récompenses. De là, sa douceur inaltérable et toute céleste. « Heureux les doux, est-il écrit, car ils posséderont ».

Enfin, c'est une profession de charité :

Le martyr s'immole pour celui qui s'est sacrifié lui-même, et il sait que c'est le moyen le plus éloquent de lui attester son amour. De là, sa joie qui le met déjà en contact avec ce bonheur parfait dont il sera magnifiquement gratifié dans la région des miséricordes divines.

Qu'est-il encore ? C'est un acte par lequel on sacrifie le temps à l'éternité ; une vie passagère à une vie immortelle ; des souffrances légères et momentanées à un poids de gloire qui ne finira jamais.

Le martyre c'est un vrai baptême, bien

au-dessus de celui de l'eau. Ici, la matière en est le sang, matière tout autrement précieuse que l'autre; les ministres ce sont les anges du ciel. Aussi ce baptême lave-t-il de toute souillure et obtient-il d'en haut toute grâce et toute bénédiction.

Le martyre, mais c'est le champ de victoire des héros chrétiens. C'est par ce signe qu'ils méritent et c'est au ciel qu'ils reçoivent la couronne de gloire promise au vaillant athlète. « Vincenti dabo edere de ligno vitæ ».

A celui qui vainc, je lui donnerai à manger de l'arbre de la vie, s'écrie le Rémunérateur suprême !

Mais, me direz-vous, l'ère des persécutions sanglantes est fermée. Nous n'avons dès lors pas besoin de nous y préparer ?

Je répondrai avec saint Jérôme « que

ce n'est pas seulement l'effusion du sang qui constitue le martyre mais encore la soumission de la volonté ».

C'est pourquoi celui qui, comme Job, supporte avec résignation les plus grands maux, est un martyr de la patience.

Celui qui, à l'exemple de David, accepte les plus grandes humiliations est un martyr de l'humilité.

Celui qui à l'imitation de Joseph s'expose, en faveur de sa vertu, aux plus mauvais traitements, est un martyr de la virginité.

Celui qui, comme Borromé, reste pauvre, au milieu même de l'opulence, est un martyr de la pauvreté. Abel, c'est un martyr de l'innocence.

Abraham, est celui de l'obéissance; Tobie, celui de la charité. Aussi, est-ce l'évidence même, nous pouvons devenir martyrs en souffrant les maux de la vie, sinon avec joie, du moins avec résignation, et nous en recevrons certainement un jour les plus magnifiques récompenses !

# CHAPITRE XI

### Dinocrate

Arrivons à la vision de Perpétua concernant la destinée de son frère, Dinocrate ; elle parle ainsi :

« Un jour, comme nous étions en prière, le nom de Dinocrate vint par hasard sur mes lèvres. C'était pour la première fois depuis sa mort ; j'en fus frappée comme d'une chose extraordinaire. Je donnai des larmes au triste accident qui l'avait ravi, et je connus que je serais exaucée si je priais pour lui. J'offris donc à Dieu mes gémissements ; j'implorai sa miséricorde. La nuit suivante il me sembla voir sortir Dinocrate dans un lieu ténébreux. Il était inondé de sueur. Ses lèvres desséchées, sa bouche entr'ouverte marquaient qu'il endurait une soif brûlante. Il avait le visage pâle et couvert d'une sale poussière. On voyait encore sur sa joue la place de l'horrible cancer dont il mourut. C'était donc pour ce pauvre enfant que j'avais prié avec tant d'ardeur. Mais un grand espace nous séparait, et il m'était impossible d'aller à lui. Il tournait sans cesse autour d'un bassin plein d'eau, dont le bord trop haut l'empêchait d'y puiser pour étancher sa soif. Je le voyais faire d'inutiles efforts pour atteindre l'eau, ce qui me causait une peine extrême ; mais j'eus une ferme espérance que je pourrais le soulager.

« Je ne cessais, jour et nuit, d'adresser à Dieu mes supplications pour ce frère chéri, mêlant à mes prières mes larmes et mes soupirs. On nous transféra alors dans la prison du camp.

« C'était au camp que devaient se donner, le jour de la naissance de Géta, les jeux auxquels nous étions réservés. Là, j'eus bientôt une autre vision. Ce lieu obscur, d'où j'avais vu sortir Dinocrate, me parut éclairé d'une vive lumière. Dinocrate lui-même était propre, bien vêtu; il avait le visage frais, et au lieu de la plaie hideuse on n'apercevait plus qu'une légère cicatrice. Les bords du réservoir étaient abaissés et ne venaient plus qu'à la ceinture de l'enfant qui puisait de l'eau avec la plus grande facilité. Quand il eût bu, il courut jouer comme font les enfants (1).

(1) Ruinart, act. ss. ld.

« A mon réveil je conclus qu'il avait été délivré de ses peines ».

— Trois choses sont, à notre sens, à noter dans cette vision :

La bonté de Dieu, la croyance à la doctrine du purgatoire et l'efficacité de la prière (1).

Nous voyons d'abord le ciel s'émouvoir des souffrances d'un enfant et faire naître dans l'esprit d'une âme bien chère la pensée de le sauver. Il étale tout d'abord son malheureux état, afin de porter cette âme à travailler davantage à son salut. Quelle obscurité dans ces lieux, et aussi quelle laideur sur ce visage ! Le malheureux enfant est altéré de soif. Il voit dans un bassin une eau claire et limpide, mais il ne peut s'y désaltérer. N'est-ce pas là l'image du purgatoire où

(1) Patro, lat. iii, id.

les âmes sont brûlées par le même feu qui tourmente les damnés dans les enfers? Et ces pauvres prisonniers qui connaissent déjà les beautés ravissantes de Dieu, voudraient, avec toute l'impétuosité de leurs désirs, s'y porter; mais il existe un immense espace qu'ils ne peuvent encore franchir. Il faut qu'ils souffrent jusqu'à ce que leur dette soit entièrement acquittée. Mais heureux sont-ils si une âme sainte et dévouée s'intéresse en leur faveur! Car, tandis qu'elles-mêmes ne peuvent rien mériter, celles-là apaisent la justice de Dieu et attirent sur elles ses divines miséricordes.

C'est ce qui se vérifie ici. Perpétua, avec toute l'ardeur dont son âme est capable, continue de prier; elle offre toutes ses œuvres à Dieu pour obtenir cette faveur et ne tarde pas à être exaucée.

Dinocrate paraît, à ses yeux réjouis,

non plus sous le premier aspect de tristesse et d'abattement, mais sous celui du contentement et du bonheur le plus entier. Le bassin s'est abaissé, il y peut librement boire ; une vive lumière l'entoure ; la plaie a disparu et, avec elle, tout le cortège des maux qui le faisaient si grandement souffrir.

Il est maintenant tout rayonnant de joie et de félicité. Preuve évidente que ses pleurs se sont convertis en ris et ses tourments en bonheur.

C'est la raison pour laquelle Vivia comprend clairement que son frère vient de quitter le lieu de la souffrance contre celui de la jouissance sans terme comme sans nuages.

## CHAPITRE XII

### Machinations

Tandis que Corvus faisait les calculs connus, Corvinus à son tour se livrait à des réflexions d'un tout autre genre.

Il se disait : « Ne faut-il pas être malheureux pour avoir à partager un si superbe héritage avec un individu comme Corvus.

« Tout libre qu'il soit, il n'est cependant pas né dans la richesse; il n'est pas noble ; n'est ni instruit, ni intelligent, et cependant il a droit à la même part que moi-même.

« Ah ! cela n'est vraiment pas acceptable ». Puis, poursuivant le cours de ses combinaisons, il se disait : « Si nous trouvions un moyen aussi prudent qu'habile de le supprimer. Faute d'héritiers, tout finirait avec lui et tout aussi me reviendrait de droit. Mais, comment arriver à ce résultat ? Sera-ce par le moyen d'un autre ? Cela n'est pas à tenter. Il faudrait se fier à autrui, et l'on pourrait alors se trouver trahi. Il ne reste donc d'autre parti que celui-ci : exécuter soi-même un habile coup de main et l'accomplir de telle sorte que la justice la plus intelligente n'en puisse pénétrer le mystère. Pour cela, il faut que j'arrive à diriger mon complice à ma guise. Ainsi pourrai-je un jour ou l'autre parvenir à agir, et le ferai-je certainement avec autant de succès que d'impunité ».

Dès lors, le premier jour de rencontre

avec Corvus, le prenant à part, il le supplie, concernant leur dénonciation, de ne souffler mot à âme qui vive ; ensuite, d'éviter en public sa rencontre et de ne l'approcher que durant la nuit, aux jours et heures convenus.

— Pourquoi, dit l'autre ?

— Mais tu ne cromprends rien à rien si tu n'en saisis pas la raison, dit Corvinus. Il faut absolument que, de notre part, nous ne commettions aucune indiscrétion touchant notre affaire, pour la raison que dans le monde il y a des jaloux aussi bien que des méchants. Or, si l'on venait à savoir que l'immense richesse des Vivia devait bientôt nous échoir, il pourrait y en avoir plus d'un qui s'efforçât de nous calomnier, ou de persuader l'empereur que cette richesse ne peut tomber dans de meilleures mains que les siennes.

Ainsi arriverait-il qu'à notre profond désespoir nous en serions quittes pour nos peines et nos espérances déçues.

— C'est bien, dit l'autre, je suis parfaitement de ton avis et déterminé à t'obéir en toute chose.

— Ainsi, reprit Corvinus, il est absolument entendu que nous nous entourerons de la plus grande réserve ; nous nous éviterons l'un l'autre et ne nous rencontrerons que la nuit avec les précautions dites.

— C'est bien, dit Corvus, je jure de le faire. — Et moi aussi, reprit Corvinus.

Il s'agissait donc de bien disposer ses batteries pour arriver en toute sécurité au but.

Quelque temps après, Corvinus avait projeté qu'il aurait très secrètement donné un rendez-vous à son compagnon, près des fortifications de la ville, pour deux heures de l'après-minuit de tel jour ; que, en attendant, il aurait fait le malade, le plus habilement qu'il aurait été possible.

Ce qui fut machiné, fut exécuté.

La veille du crime, Corvinus est pris de violentes coliques qui, dit-il, l'ont tourmenté la nuit, et l'empêchent de se lever ce jour-là.

Son esclave est toute en peine et lui administre quelques potions pour le soulager. Mais les coliques ne cessent pas de la journée; elles l'empêchent de prendre aucune nourriture.

L'esclave est à son chevet, toute désolée, lui prodiguant ses meilleurs soins.

A une heure et demie environ de l'après-minuit, Corvinus veut tenter un remède qui, dit-il, peut avoir une action heureuse sur lui ; il veut provoquer une transpiration. Il se fait donc administrer des tisanes chaudes; se fait bien couvrir, puis il prie son esclave de le laisser tranquille jusqu'à ce qu'il ait besoin de ses services.

Aussitôt après son départ, le scélérat se lève; il ferme tout doucement le verrou de la porte, qu'il avait déjà huilé; il s'habille et sort par la fenêtre. Elle était assez peu élevée du sol.

Le voilà bientôt en rase campagne, se dirigeant vers la direction convenue. Son compagnon est déjà arrivé et l'attend. Aussitôt qu'il le reconnaît, il va à son encontre et lui tend la main. Corvinus, nouveau Judas, lui livre la sienne; puis, tout à coup, il sort un poignard et le lui enfonce à trois reprises dans la poitrine. Corvus jette un grand cri et tombe à la renverse. Corvinus se baisse. Pour plus de sûreté, il veut passer son arme à travers la gorge de sa victime;

mais il entend derrière lui un bruit de pas. Aussitôt il s'empresse de prendre la fuite. La personne que la Providence avait conduite était la fidèle Zoé.

Sortant des catacombes, elle avait entendu le cri et le bruit de la chute et s'était courageusement avancée pour venir en aide. Trouvant un homme étendu et tout baignant dans son sang, elle appelle au secours. On accourt vers elle. Le blessé est transporté dans un refuge par la justice; elle ne tarde pas à y faire arriver un homme de l'art.

— Il est mort, dit l'un. — Non, dit le docteur, après une hésitation, il a encore un souffle de vie Il n'a plus de pouls, mais son cœur bat encore légèrement.

Alors, on s'efforce d'arrêter l'abondante hémorragie. On finit par y arriver, en partie du moins. Cependant, malgré tous les soins pour le rappeler à la connaissance, le malade ne revient pas. A un moment donné, il ouvre de grands yeux, les tourne dans tous les sens, prononce quelques paroles inintelligibles, puis il semble vouloir s'assoupir. La justice lui pose souvent cette question : Qui t'as tué ? A un moment donné, l'infortuné, se ravisant, répond enfin : — Le plus grand des traîtres, Corvinus. — Pourquoi ? — Afin de tout posséder et n'avoir rien à donner à autrui.

La justice ne put avoir davantage, et ne comprit pas bien alors le sens de ces paroles que l'avenir se réservait d'éclaircir davantage.

Après cet effort, le bandage est impuissant à retenir le sang qui afflue de toutes parts, et le blessé expire quelques instants après.

# CHAPITRE XIII

### Doigt de Dieu. Châtiment

Son coup exécuté, Corvinus n'avait pas perdu de temps. Il était revenu par le chemin déjà fait; était entré dans le jardin et, au moment où il allait escalader le mur qui le séparait de sa fenêtre, il s'aperçut qu'il a emporté le poignard fratricide. Il est encore tout dégoûtant de sang. Il le jette dans la campagne, pénètre dans la chambre en posant le pied à travers les fissures du mur et le voilà en sûreté. Du moins, le croit-il ainsi. Il se dépouille de ses vêtements ; tire tout doucement le verrou, se remet au lit, et, tout gémissant, il appelle bientôt sa servante. Celle-ci accourt aussitôt, lui demandant comment il se trouve. — Mieux, répond-il ; j'ai enfin réussi à transpirer ; je veux changer de linge et prendre enfin quelque chose. Cette nuit-là même, le sirocco avait sévi ; il faisait une chaleur tropicale et il n'avait pas été bien difficile au bandit de transpirer ; après toutes les courses et après les coups de main accomplis.

Tout est donc exécuté conformément à ses vœux, et il commençait déjà à prendre quelque nourriture, quand un bruit de pas se fait entendre, quelqu'un frappe. — Qui est-là, demande l'esclave ? — Justice, lui est-il répondu. Ouvrez-nous, le jour commence déjà à poindre à l'horizon.

Après avoir pris l'avis de son maître, celle-ci ouvrit. La justice pénétrant dans la maison, demanda si c'était bien là la maison de Corvinus, et s'il y était lui-même. « Il est depuis hier matin dans son lit, répondit son esclave, en proie aux coliques les plus atroces. Il n'a rien pris de toute la journée, et ce n'est que depuis un moment qu'il a pu trouver un peu de mieux, grâce à une abondante transpiration ».

Aussitôt les soldats opèrent son arrestation, tandis que la justice instruit sommairement auprès de l'esclave. — Qu'y a-t-il, demanda-t-elle ? — Votre maître, fut-il répondu, est accusé d'avoir, cette nuit même, poignardé Corvus à deux heures de l'après-minuit.

On peut deviner ce que, en toute bonne foi, celle-ci put dire en sa faveur.

— Il est impossible que cela soit, car

je puis hautement affirmer que mon maître a été bien malade; qu'il n'a pas quitté son lit un seul instant: que, dès lors, il a été dans l'impossibilité matérielle de commettre aucun mal.

— Mais qu'en savez-vous, lui objecte-t-on ? Avez-vous toujours été à son chevet depuis une heure et demie jusqu'à deux heures et demie de la nuit ?

— Il est vrai, répond-elle, à cette heure je me suis tenue éloignée, mais c'est alors qu'il s'est efforcé de transpirer et qu'ensuite il a changé de linge. Comment dès lors peut-il avoir perpétré ce délit ? Si c'est son fantôme qui a voyagé et nui, cela peut être possible, quant à sa personne elle n'a pas quitté sa chambre un seul instant.

En attendant, la justice se saisissait du maître. Elle remarqua d'abord des taches de sang sur ses mains et sa chemise, ce dont elle lui demanda compte. Il répondit avoir saigné du nez dans son lit ; son lit était pourtant exempt de toute tache. Mais quand il vint à s'habiller, on s'aperçut que ses habits portaient aussi des traces sanglantes, toutes fraîches encore.

On lui en demanda le motif, en ajoutant que ce ne pouvait être la saignée qui en fournit l'explication, puisqu'il l'avait eue dans son lit. Il demeura embarrassé.

Bien plus, en entrant dans le jardin avec le prisonnier, un des soldats voit reluire quelque chose sous l'herbe, il s'approche et trouve un stylet ensanglanté. On lui demande des explications ; il nie que l'arme lui appartienne. Mais un des soldats revient vers l'esclave, et, la lui montrant, lui demande si elle l'a reconnaît. — Oui, dit-elle, c'est le poignard de mon maître, mais vous savez bien qu'il est innocent.

De son côté, Zoé avait établi n'avoir pas connu le meurtrier, mais l'avoir vu se diriger du côté de la campagne de Corvinus.

Au reste, on s'appuyait sur la raison la plus forte, qui était la déclaration de la victime.

Quelques jours après, le juge fait conduire Corvinus à son prétoire, et le prie de détruire les raisons militant contre lui. Il se trouva encore plus embarrassé; s'appuya sur son impossibilité de faire aucun mal, étant donné sa maladie et sa présence ininterrompue chez lui. — On lui répondit que depuis le moment du renvoi de sa domestique jusqu'à celui de sa rentrée dans sa chambre, celui-ci avait eu le temps de commettre son crime et de revenir chez lui par le chemin de la fenêtre.

Tout à coup, on fait sortir d'une pièce le corps de Corvus, et le juge de s'écrier: reconnaissez-vous cette victime? — Oui;

dit-il, en se troublant profondément, c'est Corvus.

Or, poursuit le juge, nous avons la déposition d'une nommée Zoé, déclarant que le meurtrier a pris tout juste le chemin aboutissant à votre habitation ; nous avons, en outre, trouvé des taches de sang et un stylet tout ensanglanté qui vous appartenait ; de plus, cette bouche s'est ouverte naguère encore pour attester que le plus grand des traîtres a commis ce crime pour rester le seul héritier d'une immense fortune. — Pouvez-vous encore nier votre forfait ?

Le criminel resta troublé, trahi, anéanti. Il s'écria enfin : Hé bien, oui, puisque vous le savez, je suis le coupable. Mais, ajouta-t-il, il y a aussi une nommée Persia qui a trahi sa maîtresse en dévoilant sa retraite. — Puisqu'il était perdu, il voulait du moins envelopper tous les coupable dans une commune disgrâce.

A quelque temps de là, le coupable était condamné à avoir la tête tranchée.

Persia, démasquée, avilie, déshonorée, fut, par ordre du père de Perpétua, livrée à quelques-uns de ses esclaves qui lui appliquèrent la bastonnade et la mirent en sang.

Ensuite, elle fut vendue à un entrepreneur des mines et condamnée à passer sa vie dans les profondeurs de la terre. Elle y était occupée à extraire le gravier et les pierres que l'on détachait incessamment de son sein. Confuse, accablée, désespérée, elle vécut les jours les plus malheureux et, comme les Israélites en Egypte, elle continua de travailler aux travaux les plus pénibles. Mais, contrairement à eux, elle ne fut pas soutenue par la foi en Dieu, ni par l'espérance de ses récompenses futures.

C'est ainsi que, souvent le Ciel exerce, ici-bas même, ses plus redoutables vengeances. Ainsi qu'il rend à chacun ce qui lui est dû, l'homme, dit l'Ecriture, recueillera ce qu'il aura semé.

Celui qui sème dans le champ de la bénédiction, recevra des fruits de bénédiction ; celui, au contraire, qui sème dans celui de la malédiction, ne pourra récolter que des fruits de confusion, de honte et de cuisants remords.

C'est ce qu'on appelle loi de justice ; et cette loi existe, non seulement dans l'autre vie, mais encore assez généralement en celle-ci.

Dieu ne meurt pas! (1). Telles sont les paroles d'un grand chrétien, victime de son héroïque dévouement.

(1) GARCIA MORENO.

## CHAPITRE XIV

### 3° vision

Perpétua poursuit ainsi le récit de sa troisième et dernière vision :

« Cependant, l'officier qui commandait les gardes de la prison, témoin des faveurs dont le ciel nous comblait, conçut pour nous une grande estime, et il laissait arriver librement ceux qui apportaient ou venaient chercher des consolations. Peu de jours avant les spectacles, je vis encore entrer mon père. Il était dans le dernier accablement ; il s'arrachait la barbe, il se jetait contre terre et y demeurait couché sur le visage, poussait des cris et maudissait le jour qui l'avait vu naître ; il regrettait d'avoir trop vécu et appelait sa vieillesse infortunée ; en un mot, il disait des choses si tristes et se servait de termes si déchirants, qu'il tirait des larmes et faisait fendre le cœur de compassion à tous ceux qui l'entendaient. Je mourais de douleur en le voyant dans un si triste état.

« La veille des spectacles, j'eus une dernière vision ; il me sembla que le diacre Pompone était venu à la porte de la prison, où il frappait à coups redoublés, et que j'étais accourue pour lui ouvrir. Il était vêtu d'une robe blanche, dont la riche étoffe était parsemée de petites grenades d'or. Il me dit : « Perpétua, nous vous attendons, venez ». En même temps, il me donna la main et nous nous mîmes tous deux à marcher par un chemin étroit et raboteux. Après plusieurs détours, nous arrivâmes enfin à l'amphithéâtre, presque hors d'haleine. M'ayant conduite jusqu'au milieu : « Ne craignez rien, dit-il, je reviens dans un moment pour combattre avec vous ». Il part à ces mots et me laisse seule. Comme je savais que nous devions être exposés aux bêtes, je ne comprenais pas pourquoi on différait de les lâcher contre moi. Alors parut un égyptien d'une laideur affreuse. Il s'avança avec plusieurs autres aussi difformes que lui et me présenta le combat. En même temps, une troupe de beaux et jeunes hommes prirent mon parti. Je sentis que j'avais changé de sexe ; que j'étais devenu un athlète fort et vigoureux. On frotta d'huile mes membres pour cette lutte redoutable. Nous étions sur le point d'en venir aux mains, lorsque un homme, d'une taille et d'un pas majestueux, s'approcha de nous. Il était couvert d'une robe de pourpre, qui descendait à longs plis jusqu'à ses pieds et que rattachait une agrafe de diamants. D'une main il tenait une baguette semblable à celle des intendants des jeux, et il portait à l'autre un rameau vert d'où pendaient des pommes d'or. Tous ayant fait silence à son aspect, il dit : « Si l'Egyptien l'emporte sur la femme, il la percera de son glaive; mais si la femme demeure victorieuse de l'Egyptien, elle aura ce rameau et ces pommes d'or ».

« Il se retira aussitôt. Nous nous joignîmes, l'Egyptien et moi, et nous engageâmes un rude combat. Il faisait tous ses efforts pour me renverser, mais je l'en empêchai en lui portant plusieurs coups dans le visage. Je me sentis tout à fait élevée en l'air, d'où je frappai avec avantage mon ennemi. Enfin, lasse de voir le combat se prolonger, je joignis mes deux mains, les doigts entrelacés les uns dans les autres. Prenant alors la tête de l'Égyptien, je le renversai sur le sable et lui mis le pied sur la tête. A cette vue, le peuple battit des mains et mes généreux défenseurs unirent leurs chants aux applaudissements de la foule. Je m'avançai vers l'intendant des jeux, cet homme admirable qui avait été témoin de ma victoire, et je lui en demandai le prix. En me le remettant, il me baisa et me dit : « La paix soit avec vous, ma fille ». Je sortis de l'amphithéâtre par la porte Sanavivario. Je compris en me réveillant que je combattais, non contre des bêtes furieuses, mais contre le démon.

« Je me rassurai en songeant que la même vision qui me prédisait le combat, m'annonçait aussi la victoire.

« J'ai écrit tout ce qui m'était arrivé jusqu'au jour des spectacles ; un autre rendra compte, s'il le juge à propos, de ce qui s'y passera (1) ».

Ainsi finit la vision de sainte Perpétua. La littérature humaine n'a rien d'approchant. Une jeune femme, mère de famille, d'une naissance distinguée, chérie de tous les siens et à qui rien ne manque pour être heureuse dans le monde. Elle se voit séparée de son père, de sa mère, de ses frères, de son époux, de son jeune enfant, pour aller être dévorée par les bêtes, à la vue de tout un peuple ; elle voit son vieux père, qu'elle aime et qui l'aime avec tendresse,

---

(1) Ruinart. — id. — Patro lati. III. id.

lui baiser les mains, se jeter à ses pieds pour la fléchir et lui faire dire un mot qui la sauverait du péril; elle compâtit à la douleur de son père, elle le console, mais elle ne dira pas le mot, parce que ce mot serait un péché, serait un mensonge; et elle écrit tout cela la veille de son supplice, avec une candeur, avec un calme au-dessus de l'humanité.

Non, cette paix que l'homme ne saurait dire ni concevoir, Dieu seul peut la donner (1).

Que signifie dans cette vision cet Egyptien d'une laideur affreuse, et que représente cet homme d'une taille majestueuse portant un manteau de pourpre avec des agrafes en diamants ?

Le premier, selon l'autorité de Perpétua même, représente le démon, et le se-

---

(1) RORBHACHER. — His. de l'Egli., v. — Patro lat. III., id.

cond figure Dieu lui-même. Depuis la chute originelle, le combat a commencé entre ces deux êtres et ne finira qu'à la fin du monde. C'est un duel et un duel à mort. Et il est du partage des mortels de prendre parti pour l'un ou pour l'autre, et de rester ou vaincus ou victorieux. « Vous ne pouvez, dit l'Ecriture, servir deux maîtres à la fois, Dieu et Bélial; car, ou vous aimerez l'un et détesterez l'autre ; ou bien vous détesterez celui-ci et aimerez conséquemment celui-là. Il nous faut dès lors nous enrôler sous l'un ou l'autre étendard.

Perpétua est frottée d'huile pour signifier qu'elle se revêt de la force nécessaire pour triompher.

Elle change de sexe pour exprimer que par son courage et son intrépidité elle devient un homme parfait.

Et quel champ de bataille ne possède

pas contre elle l'ennemi de tout bien.

Il lui représente, sans nul doute, qu'elle est belle, noble, riche, instruite et qu'il s'agit pour elle, au printemps de ses jours, alors que la vie sourit tant, de tout compromettre ou de tout sauver. Il y a plus encore, insinue-t-il. Si ce n'étaient que les intérêts que tu avais à sauvegarder, j'expliquerais ton courage intrépide. Mais il s'agit du sort d'une famille entière ; de celui d'un jeune enfant qui a nécessité de tes soins ; de celui d'un malheureux père, d'une mère, de frères, tombés dans la plus profonde désolation et ne fondant toutes leurs espérances que sur toi seule. — Aurais-tu le barbare courage, par une seule mort, de blesser tant de cœurs, de compromettre et d'anéantir tant d'intérêts divers ?

Et Perpétua se rappelle ces paroles des saints Livres : « Celui qui aime son père et sa mère plus que moi-même, n'est pas digne de moi ».

Voilà pourquoi elle préférera Dieu à toute chose et lui sacrifiera : famille, avenir, richesse, jeunesse, beauté, vie tout entière.

« Dieu et mon tout ! » tel sera son cri.

Ainsi, remporte-t-elle sur l'ennemi de son âme la plus éclatante des victoires. Ainsi fournit-elle à son céleste époux la plus grande preuve de fidélité possible : celle de donner sa vie pour son amour ! Ainsi, mérite-t-elle de recevoir le rameau et les pommes d'or, qui ne sont qu'un faible gage de ces magnifiques récompenses que Dieu lui réserve abondemment dans l'éternelle Patrie ! « Viens, ô ma sœur, ô mon épouse, viens, je te couronnerai (1) ».

(1) Cant. des Cant

## CHAPITRE XV

### Le Viatique

La veille de leur martyre, conformément à la coutume, l'on servait aux condamnés un repas copieux pendant lequel le public était admis. Tandis que les payens y arrivaient avec des sentiments divers, de curiosité, de haine ou de compassion, les chrétiens en profitaient pour porter leurs consolations et leurs encouragements aux victimes et s'édifier eux-mêmes du spectacle de leur courage et de leurs vertus.

Les prisonniers convertissaient ces repas en agapes bien fraternelles.

Ecoutons à ce sujet le récit qui en est fait :

« Le jour de devant le combat, on leur donna, suivant la coutume, le dernier repas, que l'on croyait le repas libre, et qui se faisait en public, mais les martyrs le convertirent en agapes modestes, autant qu'il était en eux. Ils parlaient au peuple avec leur fermeté ordinaire, le menaçant du jugement de Dieu; relevant le bonheur de leurs souffrances et raillant la curiosité de ceux qui y accouraient. Satur leur disait : « Le jour de demain ne vous suffit pas pour voir à votre aise ceux que vous haïssez. Aujourd'hui amis, demain ennemis. Cependant, remarquez bien nos visages, afin de nous reconnaître en ce jour de jugement ». En sorte que tous se retirèrent interdits et qu'il s'en convertit un grand nombre (1) ».

Ce même jour, l'Eglise avait l'habitude d'envoyer aux futurs martyrs autant d'espèces consacrées qu'il y avait de victimes pour le sacrifice.

Avant que de paraître sur le théâtre des supplices, cette tendre mère voulait que ses enfants fussent munis du pain des forts. Ils se l'administraient eux-mêmes, le matin du grand jour.

C'était d'abord aux diacres qu'incombait ce charitable soin. Mais, comme ils étaient souvent connus et surveillés, on était obligé de le confier à d'autres lévites, voir même à de simples chrétiens.

Le soir donc, les fidèles se trouvaient pieusement réunis aux catacombes. Un vénérable prêtre, Aspase, demande quel

---

(1) RUINART, Ac. SS. 17 juil.

est le lévite voulant se charger de ce périlleux office. Une femme, aussi modeste que pieuse, s'avance et revendique cet honneur, avec les plus vives instances : c'était Zoé. « Je suis, dit-elle, l'esclave de Perpétua et de Satur, et je demande, comme gage de reconnaissance, de leur apporter, en cette circonstance, cette dernière consolation.

— Mais, lui répond le prêtre, tu n'es qu'une femme et tu pourrais bien être exposée à plus d'une épreuve.

— Je ne suis, il est vrai, qu'une pauvre femme, répondit celle-ci, mais Dieu me soutiendra, et pour rien au monde je ne me dessaisirai du précieux dépôt qui me sera confié.

Mon courage, croyez-le bien, ne faiblira pas, même en présence des plus grands dangers ; il sera à la hauteur des circonstances.

En disant ces mots, elle versa des larmes. Le vénérable prêtre en fut touché.

— Hé bien, soit, dit-il, tu en seras chargée.

Il lui donna alors ses conseils, afin de se conduire avec la plus grande prudence. Ensuite, on place soigneusement les saintes espèces dans un linge bien blanc que l'on plie et que l'on enferme dans une autre enveloppe. La fidèle esclave cache le tout sur sa poitrine, puis elle part.

Elle évite avec soin les places et les rues fréquentées, et c'est ainsi qu'elle peut impunément arriver jusque devant la grande porte du donjon.

Il y avait là malheureusement beaucoup de monde que des sentiments divers avaient attiré.

Un des curieux aperçoit cette femme marchant vivement, une main sur la poitrine. Aussitôt de s'écrier : voilà sûrement une chrétienne chargée de quelque commission pour les prisonniers. — Holà, dit-il, que portes-tu là ? Tu as bien quelque chose sur la poitrine, montre-là donc? — Je n'ai rien, répond l'autre, laissez-moi la paix.

Il faut que nous sachions, répondent plusieurs voix, si tu dis la vérité; et aussitôt on la saisit vivement par le bras pour lui arracher son dépôt. En dépit des efforts les plus violents, le bras reste obstinément attaché au sein. Alors, la plupart des assistants s'irritent outre mesure et les coups commencent à pleuvoir sur elle. On lui lance des pierres ; on lui déchire ses vêtements ; on la frappe de tout côté ; le sang ruisselle ; elle est renversée, piétinée, meurtrie, mais les efforts de ces furieux ne peuvent avoir raison de la fidélité d'une femme.

Il se fait un grand tumulte. Le commandant de la prison accourt : c'était Pudens. Il renverse les assaillants de côté et d'autre, puis il s'écrie : Cette femme se rendant à la prison relève de mon autorité et non de la vôtre ; si elle est coupable, je saurai bien sévèrement la faire châtier. Femme, dit-il, levez-vous ! Mais l'infortunée était dans l'impossibilité de le faire. Il fallut que l'intrépide et puissant officier lui offrît l'appui de son bras pour l'emmener jusqu'à la prison. Là, il lui demanda à qui elle veut parler : — A Perpétua, répond-elle faiblement. Il est obligé de l'accompagner, et la laisse entre les bras de sa maîtresse. Celle-ci fut bien contristée de la voir en si fâcheux état ; mais, d'autre part, elle s'en réjouit à la pensée qu'elle aussi souffrait persécution pour la justice. Elle reçut la précieuse commission et confia

Zoé à une personne bien hautement chère et qui nous est déjà connue : je veux parler d'Anastasia.

En ce jour solennel, elle était venue faire une dernière visite à son amie chérie.

Depuis le moment où elles s'étaient quittées, après les entretiens qu'elle avait eus avec elle, son amie n'avait pu se résigner à demeurer plus longtemps à la campagne. Elle avait engagé sa famille à revenir à Carthage, afin de se rapprocher davantage de sa chère Perpétua.

C'était elle surtout qui, par ses libéralités, avait adouci la férocité des gardes et obtenu des adoucissements au sort des prisonniers. Elle était venue la voir plus d'une fois dans la prison ; et le jour où son amie avait comparu devant le tribunal, Anastasia y était. Elle avait assisté à la scène poignante d'un père comparaissant avec un enfant sur les bras. Elle avait entendu l'appel pressant du juge, tendant à déterminer Perpétua à l'apostasie et avait aussi recueilli la noble et fière réponse de celle-ci : oui, je suis chrétienne.

Elle s'était dit, une fois de plus : Qu'est-ce donc qu'une religion enfantant de tels actes d'héroïsme ? Peut-elle, comme on le dit, être mauvaise ? N'est-elle pas, au contraire, nécessairement bonne et divine ?

Aussi, fut-elle heureuse de prodiguer à la pauvre esclave tous ses soins les plus délicats. Elle lui enleva ses vêtements, la lava ; pansa ses blessures, y appliqua des bandages. En un mot, elle lui rendit les soins les plus intelligents et les meilleurs.

Ce ne fut que le lendemain que Zoé, soutenue par une personne charitable, put se réfugier auprès d'une maison amie.

Elle eut besoin de se soigner quelque temps encore, avant que d'être guérie de ses nombreuses meurtrissures.

De son côté, Pudens était travaillé par la grâce divine. Il était au commencement aussi dur pour les chrétiens que les autres gardiens. Car, il croyait lui aussi, avec l'opinion générale, que c'étaient de grands criminels et de parfaits hypocrites. Mais quand il vit des gens de tous les âges, comme de toutes les conditions, mener dans la prison la vie des anges ; quand, dans ces lieux d'où ne s'élevaient autrefois que des blasphèmes et des cris de désespoir, il eût entendu le chant des cantiques et des louanges du Seigneur ; quand il eut vu le déploiement de leur courage devant le juge ; qu'il eut été témoin de leur allégresse à la suite de leur condamnation et de leur vive impatience d'aller au supplice, à la mort; alors il s'était dit en lui-même : ce n'est guère là la manière d'agir de criminels. De pareils actes sont au-dessus des forces de l'humanité ; ils ne peuvent être inspirés que par le ciel lui-même.

Il était donc touché, mais il n'était pas encore converti. Il voyait, mais il ne comprenait pas encore assez ce qu'il avait devant les yeux. La lumière de la vérité n'avait pas encore bien rayonné dans son intelligence ; et qui sait si, en récompense de ses bons offices, Dieu n'allait pas, dans un avenir prochain, lui octroyer l'incomparable faveur de l'appeler à lui !

## CHAPITRE XVI

### Vision de Satur

Le bienheureux Satur 'eut lui aussi une vision, il la raconte en ces termes :
« Nous avions souffert ; nous sortîmes de nos corps et nous commençâmes à être portés vers l'Orient par quatre anges, dont les mains ne nous touchaient pas. Nous allions, non pas à la renverse regardant en haut, mais comme montant une douce colline. Quand nous eûmes passé le premier monde, nous vîmes

une lumière immense, et je dis à Perpétua, car elle était à côté de moi : « Voici ce que le Seigneur nous promettait ». Les quatre anges nous portant toujours, nous nous trouvâmes dans un grand espace, comme un jardin, où il y avait des rosiers et toutes sortes de fleurs ; les arbres étaient hauts comme des cyprès et leurs feuilles tombaient incessamment. Dans ce jardin étaient quatre anges plus éclatants que les autres. Quand ils nous virent, ils nous firent honneur et dirent avec admiration aux autres anges : « Les voici ! les voici ! ». Alors les quatre anges qui nous portaient nous déposèrent tout étonnés. Nous fîmes à pied un stade de chemin par une large avenue. Là, nous trouvâmes Jocondus, Saturnin et Artaxius, qui avaient été brûlés vifs dans la même persécution, et Quittus qui était décédé martyr dans la prison.

Nous leur demandions où étaient les autres, mais les anges nous dirent : « Venez auparavant et entrez pour saluer le Seigneur ». Et nous nous approchâmes d'un lieu dont les murailles étaient comme bâties de lumière. Devant la porte, étaient debout quatre anges qui revêtaient de robes blanches ceux qui devaient entrer. Nous entrâmes donc ainsi vêtus, et nous vîmes une lumière immense et nous entendîmes la voix réunie d'un grand nombre qui disaient sans cesse : « Il est saint, il est saint, il est saint ! » Et nous vîmes au milieu comme un homme assis ayant les cheveux blancs comme la neige et le visage d'un jeune homme, nous ne vîmes pas ses pieds.

« A sa droite et à sa gauche, étaient debout vingt-quatre vieillards, et derrière eux une multitude d'autres. Nous entrâmes saisis d'admiration et restâmes debout devant le trône, et quatre anges nous soulevèrent, et nous baisâmes Celui qui était assis et il nous passa la main sur le visage. Et les autres vieillards nous dirent : « Arrêtons ». Et nous nous arrêtâmes et nous donnâmes le baiser de paix. Et les vieillards nous dirent : « Allez et récréez-vous ». Et je dis à Perpétua : « Vous avez ce que vous désirez ». Elle me dit : « Dieu soit loué ! Heureuse pendant que j'étais dans la chair, je suis encore plus heureuse ici maintenant ».

« En sortant, nous trouvâmes, devant la porte, à main droite, l'évêque Optat, et à main gauche, le prêtre et docteur Aspase, séparés et tristes. Ils se jetèrent à nos pieds et nous dirent : « Accordez-nous ; car vous êtes sortis et nous avez laissés en cet état. Nous leur dîmes :

« N'êtes-vous pas notre père et vous un prêtre ? Est-ce à vous à vous jeter à nos pieds ? » Et nous nous jetâmes sur eux et les embrassâmes. Et Perpétua commença à s'entretenir avec eux et nous les tirâmes à part, dans le jardin, sous un rosier.

Mais comme nous leur parlions, les anges leur dirent : « Laissez-les se rafraîchir ; si vous avez quelque sujet de division, pardonnez-vous l'un à l'autre ». Ils les éloignèrent donc et dirent à Optat : « Corrigez votre peuple ; ils vont à votre assemblée comme s'ils retournaient du cirque et s'ils disputaient des factions ». Et il nous parut qu'ils voulaient fermer les portes. Là, nous reconnûmes un grand nombre de frères ainsi que de martyrs. Nous étions tous nourris d'une odeur ineffable qui nous rassasiait. Là-dessus, je m'éveillai plein de joie ».

Telle fut la vision de Satur écrite par lui-même (1).

Que signifie-t-elle ? Il est, tout d'abord, question d'un ravissement en esprit dans le ciel, dont nos héros sont favorisés.

Le second ciel où ils sont reçus n'est pas autre chose que le ciel des cieux dont parle l'Ecriture, c'est-à-dire le paradis.

Pour les introduire, on les oblige de revêtir des habits blancs afin de signifier que l'innocence première ou acquise est une condition essentielle pour pénétrer au royaume des cieux. Car, rien de souillé ne peut y accéder, dit l'Ecriture.

Ce vieillard aux cheveux blancs et au visage jeune, c'est Dieu lui-même, dont il est dit : « Tu es toujours le même, et tes années sont les années éternelles ». Les

---

(1) Ruinart. Act. SS. 17 juill. Patro lat. iii. — Id.

courtisans qui l'entourent sont les anges, qui sont eux-mêmes plus ou moins brillants, selon le rang plus ou moins élevé qu'ils occupent dans la hiérarchie céleste. Ils chantent les louanges de Dieu au sein de délicieux parfums et d'une harmonie inconnue de la terre et connue seulement du ciel.

Autrefois, Dieu ayant décidé de faire de Saül un Paul, d'un vaisseau de perdition un vase d'élection, d'un persécuteur un apôtre, à la fois, et un martyr, avant que de le députer aux nations les plus reculées de la terre pour y semer la parole évangélique, y souffrir les plus grandes persécutions et cimenter sa foi de son sang et de sa vie, il commença tout d'abord par le ravir dans le ciel.

Là, il lui fit entendre des paroles mystérieuses et éprouver un bonheur, dont la terre avec toutes ses magnificences ne pouvait même pas lui en fournir l'idée.

C'est alors qu'il se trouva à la hauteur de sa sublime mission ; alors qu'il fut capable des plus hautes entreprises, des sacrifices les plus héroïques.

Ainsi Dieu procédât-il à l'égard de Perpétua et de Satur.

Au lendemain de tant de sacrifices accomplis, et à la veille du plus grand de tous, il voulut, à la fois, les récompenser et les affermir ; il les éleva donc jusqu'à lui-même.

C'est alors que Satur ira le premier au-devant des bêtes qui doivent le mettre en possession de la victoire ; alors qu'il jettera un hameçon tout rougi de son sang et qu'il pêchera une âme compatissante et bonne, c'est alors aussi que Perpétua, toujours ravie en son Dieu, ne s'apercevra pas des blessures reçues ;

qu'elle attendra, avec la plus vive impatience, le moment de la mort; qu'elle dirigera elle-même le coup mal assuré qui tardera de lui procurer une couronne immortelle. Ils ont vu les joies du ciel, et quelle influence peut désormais exercer sur eux les charmes ou les menaces d'ici-bas !

Si un saint a pu dire : combien la terre m'apparaît petite alors que je regarde le ciel ! que sera-ce donc alors qu'il a été donné d'admirer, non seulement le ciel d'ici-bas, mais celui de là-haut ? Je veux dire le paradis !

Quelle est, en effet, la langue qui puisse dire, où l'intelligence qui puisse comprendre, combien grandes sont les joies de cette auguste cité, à savoir : de se trouver au milieu du chœur des anges, d'assister avec les esprits bienheureux à la gloire du Créateur, de contempler le visage même de Dieu, de voir la lumière incréée, d'être exempt de toute crainte de mort, de jouir à tout jamais du don de l'immortalité (1).

Il est pourtant une parole de ce récit que nous ne pouvons pas passer sous silence.

A la suite de ce ravissement et des merveilles qui l'accompagnent et le suivent, Satur, en parlant à sa sœur, s'écrie : « Vous avez, Perpétua, ce que vous désirez ». — Dieu soit loué, répond celle-ci ; heureuse pendant que j'étais dans la chair, je suis plus heureuse encore maintenant ».

Ne semble-t-il pas, tout d'abord, que cette réponse ne puisse être autre chose qu'une illusion, un mensonge.

Comment, en effet, en apparence,

---

(1) Saint Grég., 37, in Evang.

Perpétua pouvait-elle s'être dite heureuse ici-bas ?

Elle avait renoncé à tous les biens qu'elle possédait; dit adieu à ses plus chères affections, et se trouvait à la veille des plus affreux supplices. Et cependant, c'était la vérité qu'elle exprimait en se proclamant heureuse même ici-bas.

Elle avait renoncé à tout, mais elle possédait toute chose, avec la source intarissable de tout bien.

Avec Dieu elle trouvait la paix et le bonheur, autant du moins que la conquête en est possible ici-bas.

C'est pourquoi elle savait qu'heureuse dans ce monde, malgré toutes les épreuves, elle était destinée à l'être, davantage encore, dans la patrie des récompenses éternelles. De là, comme d'une source intarissable et naturelle, sa joie et son bonheur ; de là, ses actions, en retour des bienfaits reçus ; de là, ce triple sanctus qu'elle entonne, en compagnie des anges, dans la patrie céleste.

## CHAPITRE XVII

### Supplice des Martyrs

Le lendemain, en effet, elle combattit dans l'amphithéâtre, et le soir les tristes cachots n'entendirent plus ses doux cantiques, ne la virent plus s'entretenir avec les siens, les consoler et prier pour eux, ni se réjouir avec les compagnons de son martyre. Sa main n'acheva pas le naïf et attendrissant récit de ses souffrances; mais Tertullien, dit-on, traça de son fier et énergique crayon les derniers traits de la lutte de cette héroïque chrétienne :

« L'un des six martyrs, Secondule, était mort dans la prison. Félicité qui se trouvait au huitième mois de sa grossesse, ne pouvait se consoler que son état ne lui permettrait pas de combattre en compagnie de ses frères, et que, son supplice étant différé, son sang peut-être serait confondu avec le sang impur de quelque scélérat. Les martyrs, de leur côté, s'affligeaient de laisser sur la route, derrière eux, exposée seule à tous les dangers, une si généreuse et si douce compagne. Ils adressèrent, avec elle, au ciel de si vives prières pour obtenir sa délivrance, que trois jours avant les spectacles elle accoucha d'une fille, qui fut aussitôt confiée aux soins affectueux d'une nourrice chrétienne. Les douleurs de cet enfantement prématuré lui avaient arraché quelques cris : « Si vous vous plaignez maintenant, lui dit un des geôliers, que ferez-vous quand vous serez déchirée par les bêtes ? Il eût mieux valu sacrifier aux Dieux ». — Soyez tranquille, lui répondit la sainte, à présent je souffre seule ; mais alors un autre souffrira pour moi, parce que je souffrirai pour lui ».

La grâce, cette prompte et toute puissante maîtresse, sait, en dépit de la bassesse des conditions, inspirer en un instant les pensées les plus hautes et tirer des langues des ignorants les plus magnifiques et généreux accents.

Le jour après lequel soupiraient ces vaillants athlètes se leva enfin. C'était le jour du dernier combat, le jour du triomphe. Ils prirent, pleins de joie et d'assurance, le chemin de l'amphithéâtre. Félicité, toute ravie de participer à la gloire des martyrs, ne pouvait contenir ses transports. Perpétua marchait la dernière, d'un pas calme et modeste, noble expression de la tranquillité de son âme, baissant les yeux pour en dérober la grâce et l'éclat à la foule indiscrète. Dans l'amphithéâtre, elle préludait au combat par des chants joyeux, au souvenir de la défaite de l'Egyptien.

Saturnin, Révocat et Satur, en passant devant le Tribunal du Proconsul, lui crièrent : « Vous nous jugez en ce monde, mais Dieu vous jugera dans l'autre ».

Le peuple, dont la bassesse égalait la cruauté, demanda qu'on les fît passer par les verges.

Ravis d'acquérir ce nouveau trait de ressemblance avec le Sauveur, les saints martyrs n'en marquèrent que plus d'allégresse. Dieu leur accorda le genre de mort que chacun d'eux avait souhaité ; car, tandis qu'ils s'entretenaient tous ensemble des divers supplices qu'on faisait souffrir aux chrétiens, Saturnin témoigna le désir qu'il avait de combattre contre toutes les bêtes de l'amphithéâtre. En effet, après avoir été attaqué, aussi bien que Révocat, par un léopard furieux, ils furent traînés l'un et l'autre par un ours. Satur, au contraire, ne craignait rien tant que l'ours, et il souhaitait qu'un léopard lui ôtât la vie d'un premier coup de dent. Cependant, il fut d'abord livré à un sanglier; mais l'animal se retourna contre le piqueur qui le conduisait et le blessa à mort. On l'exposa ensuite à un ours qui ne sortit point de la loge; ainsi Satur ne reçut aucune blessure.

On avait réservé une vache sauvage pour nos deux héroïnes. Perpétua s'avança la première au-devant de l'animal furieux, qui la saisit, l'enlève et la laisse retomber sur les reins. La jeune martyre, s'apercevant que sa robe a été déchirée s'empresse de rajuster les voiles de la pudeur. Elle renoue ensuite sur sa tête ses cheveux épars, pour ne pas paraître affligée comme en un jour de deuil.

Cependant, Félicité, que la vache avait fort maltraitée, gisait étendue sur le sable. Perpétua court à elle pour l'aider à se relever. Toutes deux se donnant la main, se disposent à soutenir une nouvelle attaque. Mais le peuple, enfin attendri, demande qu'on fasse cesser un tel combat. Elles se dirigent alors vers une porte de l'amphithéâtre où un catéchumène, nommé Rustique, et un frère de Perpétua s'approchent de celle-ci. Dans l'étourdissement des coups qu'elle avait reçus, ou plutôt, selon l'opinion de saint Augustin, dans le ravissement d'une divine extase, elle ignorait qu'elle eût combattu. « Quand donc, leur demanda-t-elle, nous livrera-t-on à cette vache furieuse? » Pour la convaincre de ce qui s'était passé, il fallut qu'ils lui montrassent ses meurtrissures et ses vêtements déchirés.

Perpétua les exhorta alors à persévérer dans la foi, et à s'aimer les uns les autres. Satur, suivant la vision de sa sœur, expira le premier. Il mourut de la morsure d'un léopard. Pendant que son sang coule en abondance, il y trempe sa bague et l'offre à Pudens, ce commandant des gardes qui, frappé de la protection divine, dont les martyrs étaient l'objet, s'était fait leur admirateur avant que de devenir leur conquête : « Adieu, cher Pudens, lui dit-il, recevez cette bague comme un gage de mon amitié, et que le sang dont elle est rougie vous rappelle que je l'ai versé pour Jésus-Christ ».

Tous les autres, plus ou moins blessés, furent égorgés au milieu de l'amphithéâtre. Perpétua tombée au pouvoir d'un gladiateur inexpérimenté dont la main tremblante ne faisait que d'inutiles et douloureuses blessures, fut obligée de diriger elle-même son épée incertaine en indiquant l'endroit où il devait frapper.

La gloire de sainte Perpétua et de sainte Félicité domine celle des généreux compagnons de leur victoire, et l'Eglise, confondant l'une et l'autre dans un même sentiment d'admiration et de reconnaissance, a consacré leur souvenir dans ses plus augustes prières, dans l'offrande du Saint-Sacrifice. Toutes deux à la fleur de l'âge; mère toutes deux ; l'une triomphe de la bassesse de sa condition, l'autre des habitudes de grandeur et de délicatesse d'un rang élevé.

## CHAPITRE XVIII

### Réflexions sur ces glorieux martyrs

Comment expliquer que notre héroïne, soumise à un combat bien meurtrier, n'en sentit aucunement les atteintes, et que, blessée à la suite du combat, elle attendit encore la vache sauvage à laquelle elle avait été vouée ?

Ecoutons à ce sujet saint Augustin dans son panégyrique de la sainte, c'est ainsi qu'il parle :

« Et où était-elle ? Où était-elle donc lorsqu'elle était attaquée et déchirée par une bête furieuse, sans en ressentir les coups, et lorsque, après un si rude combat, elle demandait quand le combat devait commencer? Que voyait-elle, pour ne pas voir ce que voyaient tous les autres? Que sentait-elle, pour ne pas sentir une douleur si violente ?

« Par quel amour, par quel spectacle, par quel breuvage était-elle ainsi transportée hors d'elle-même, et comme divinement enivrée, pour paraître impassible dans un corps mortel ».

L'explication de ce mystère nous est donc indirectement fournie. C'est que, à côté des agents naturels, tout sensibles qu'ils fussent, il y avait un autre agent tout autrement puissant, neutralisant les effets du premier : c'était l'amour divin. En effet, d'après toutes les lois, ce qui est supérieur domine ce qui est au-dessous.

Qu'est-ce donc que cette charité divine produisant des merveilles ausi extraordinaires? Il est certes plus facile de poser la question que de la résoudre. Il faudrait être un ange, et traiter avec d'autres anges, pour en parler avec clarté. En vérité, ce n'est pas avec une langue de la terre que l'on peut parler des choses du ciel !

Il nous est du moins permis, et c'est là toute notre ressource, de recourir aux grands amants du Christ pour recueillir ce qu'ils ont pu penser de cet amour.

Demandez-le à Paul, ravi au troisième ciel, et destiné au martyre, il vous dira toute la profonde vénération qu'il professe pour ce sentiment :

« Qui donc, dit-il, nous séparera de la charité de Jésus-Christ ? Sera-ce la tribulation, l'angoisse, la faim, la nudité, le péril, la persécution, le glaive ? Non, j'en suis certain, ni la mort, ni la vie, ni les anges, ni les principautés, ni les vertus, ni le présent, ni l'avenir, ni la force, ni la hauteur, ni la profondeur, ni aucune créature ne pourra nous séparer de la charité de Dieu, laquelle est, dans le Christ-Jésus, Notre Seigneur ».

Demandez-le à Marie-Madeleine, laquelle, du bourbier des vices, s'est élevée à la pénitence la plus exemplaire, à la perfection la plus sublime. Elle vous dira, par la bouche de son Sauveur, que, s'il lui a été beaucoup pardonné, c'est qu'elle a beaucoup aimé. Voilà pourquoi partout où sera publié l'Evangile, partout cette conversion sera connue et glorifiée. — Ainsi parle l'Ecriture.

Demandez-le à la bienheureuse Marguerite-Marie, gratifiée des communications intimes de son Maître, communications approuvées par l'Eglise. Elle vous racontera comment, un jour, le Sauveur du monde lui montrant son cœur tout entouré de flammes, lui ouvrit sa poitrine, lui ravit son cœur, qu'il fit passer par la fournaise ardente, puis, prenant une étincelle dans son propre sein, il la déposa dans le cœur de sa servante. Cette étincelle extrêmement active, était pour elle la source des consolations les plus ineffables comme aussi des douleurs les plus vives.

Elle ajoutera qu'un autre jour, sous un noisetier, des séraphins qui l'entouraient, l'invitaient à chanter, en compagnie du Maître, ce cantique si beau et si miséricordieux :

L'amour triomphe, l'amour jouit,
L'amour du Saint Cœur se réjouit.

Oh! je comprends davantage maintenant ce cri du Rédempteur :

« Je suis venu apporter un feu sur la

terre ; et quel est mon plus grand désir, sinon qu'il s'enflamme ! »

Ce feu, c'est celui de l'amour divin.

Et d'où vient cependant que cet amour règne aujourd'hui si peu dans le monde ? D'où vient que nous songions si peu à le conquérir, à le conserver ?

Ce n'est pas, certes, faute de vouloir de la part de Dieu, puisqu'il le désire extrêmement. C'est alors manque de volonté de notre part.

« La paix aux hommes de bonne volonté, s'écrièrent les anges ».

Que faut-il donc faire pour que cet amour naisse et fructifie dans nos âmes ?

Il faut écouter le Sauveur nous disant : « Voici que je me tiens à la porte et frappe ; ô mon fils, donne-moi ton cœur ! »

Et encore :

« Celui qui m'aime véritablement, observe mes commandements ».

Ensuite :

« Si quelqu'un veut venir à ma suite, qu'il renonce d'abord à lui-même, qu'il prenne sa croix et me suive ».

Et enfin :

« Si nous savons souffrir ici-bas, nous régnerons certainement là-haut (1).

Ici-bas, nous moissonnerons dans les larmes et la tristesse ; là-haut, nous récolterons dans la joie et l'allégresse, dans la patrie où règne pleinement la vérité, la charité, l'éternité et l'éternité heureuse.

Enfin les actes de ces martyrs se clôturent par ces remarquables paroles :

« O intrépides et très bienheureux martyrs ! O vraiment appelés et élus pour la gloire de Notre-Seigneur Jésus-Christ ! »

---

(1) Saint Paul, ad Rom.

En conséquence, que ceux qui rendent à cette gloire, la louange, l'honneur, l'adoration qui lui sont dûs, aient bien soin de lire, pour l'édification de l'Eglise, ces exemples non moins illustres que les plus anciens, afin que les nouveaux exploits reconnaissent aussi pour auteur le même esprit toujours saint, le Père, Dieu tout puissant, et son fils Jésus-Christ, Notre-Seigneur, à qui gloire et immense puissance dans tous les siècles des siècles ! (1).

(1) RUINART. Act. SS. 17 juill.

## CHAPITRE XIX

### Pudens et Anastasia

Nous avons déjà signalé les bonnes dispositions du commandant Pudens pour les prisonniers. Mais, à l'occasion de leur martyre, ces dispositions prirent une tournure encore plus accentuée, de façon que celui qui jusqu'alors était ébranlé, fut entièrement vaincu. Satur devint l'instrument de son entière conversion, par la transmission touchante de l'anneau et les paroles pathétiques qu'il lui adressa. Pudens fut alors conquis. Il considéra désormais l'anneau comme une alliance sacrée l'unissant à tout jamais à son ami, à Dieu, à la religion chrétienne. Il demanda à être instruit et fut admis dans le giron de l'Eglise.

Quant à Anastasia, touchée déjà par ce dont elle avait été témoin, elle trouva aussi son entière conversion lors du supplice des martyrs. Perpétua en fut l'occasion, comme elle en avait été la remarquable ouvrière.

Anastasia s'était rendue sur le théâtre du supplice. Elle avait contemplé avec admiration le courage des martyrs, ainsi que leur empressement d'aller au-devant de la mort. Mais, ce qui triompha le plus de ses résistances, c'est que Perpétua, avant que de recevoir le coup de la mort, dirigea vers elle un regard de tendre affection et de vive espérance ; puis, elle le porta vers le ciel. Désormais, elle vivra de ce souvenir. Ce regard, comme celui du Sauveur en faveur de Pierre, détermina son retour le plus entier.

Comme l'apôtre, elle pleura, elle espéra, elle aima ; comme lui aussi, elle put obtenir, avec le pardon de ses péchés, les bonnes grâces de son Dieu. Elle demanda le baptême. Le jour où il fut question d'instruire les deux catéchumènes, on trouva que Pudens était ignorant des vérités de la religion, mais qu'Anastasia en était suffisamment instruite.

Elle avait, en premier lieu, été à bonne école ; ensuite, elle avait trouvé dans les papiers de Perpétua des manuscrits sur la religion qui lui avaient beaucoup servi.

A quelque temps de là, le diacre Pompone avait conduit les deux futurs chrétiens aux catacombes. C'est là qu'ils reçurent l'une et l'autre le sacrement de la régénération.

Et, en vérité, quelle merveilleuse révolution ne s'opéra-t-il pas, en ce moment, sur eux !

Dieu, au commencement du monde, dit, et la nature avec toutes ses magnificences fut formée : « La lumière parut, la terre enfanta, les éléments furent partagés ».

Mais, qu'est-ce que cette merveille auprès d'une autre bien plus admirable encore ? Elle s'opère à la voix d'un homme articulant des paroles et observant des rites institués par la toute puissance divine. Alors les ténèbres du péché se dissipent ; le chrétien se revêt du manteau de l'innocence reconquise ; la paix, la douce paix, commence à rayonner dans son cœur, la grâce à habiter dans son âme. Alors, à la vue des bienfaits du ciel, il peut, en toute vérité, s'écrier, avec le prophète :

« Seigneur mon Dieu.... qu'est-ce que l'homme pour que vous vous souveniez de lui, et qu'est-ce que le fils de l'homme pour que vous le visitiez ? Vous l'avez, pour un peu de temps, placé au-dessous des anges; vous l'avez couronné de gloire et d'honneur, et vous lui avez donné l'empire sur les œuvres de vos mains !

O Dieu, Notre-Seigneur, que votre nom est grand dans toute l'étendue de la terre ! (1).

(1) Ps. 8.

## CHAPITRE XX

### Sépulture

Les chrétiens, voulant s'enrichir du sang des martyrs, avaient étendus des linges et des éponges dans l'amphithéâtre. Aussitôt après les différentes exécutions, ils les recueillirent bien religieusement. Dans la nuit, Anastasia envoya une forte somme d'argent afin d'obtenir des gardes les corps des martyrs. Ils prirent tous le chemin des catacombes. Là, on les transporta dans la grande chapelle; on les posa sur autant de lits qui étaient recouverts d'un drap blanc, d'une fiole de sang et d'une branche de palmier.

N'était-ce pas là un touchant souvenir de leurs vertus, de leurs luttes et de leur triomphe !

Le lendemain, au point du jour, les offices commencent au milieu de la foule la plus recueillie. Dans ces cérémonies, que de paroles éloquentes et appropriées à la circonstance ne peut-on pas relever !

« Les âmes des justes, s'écrie-t-on, sont dans la main de Dieu, et le tourment de la mort ne les touchera point ; ils ont paru morts aux yeux des insensés ; leur sortie du monde a passé pour une affliction, et leur séparation d'avec nous pour une entière ruine ; mais, cependant, ils sont en paix; ils ont souffert des tourments devant les hommes ; leur espérance est pleine d'immortalité, leur affliction est légère et leur récompense sera grande, parce que Dieu les a tentés et les a trouvés dignes de lui » (1).

Et encore :

« Dieu a éprouvé les justes comme l'or dans la fournaise ; il les a reçus comme une hostie d'holocauste, et il les regardera favorablement dans le temps. — (Id.; 4, 2). »

« Les justes brilleront, ils jugeront les nations, ils domineront les peuples et leur Seigneur régnera éternellement. (Id.) ».

Ensuite :

« Je sais que mon Rédempteur est vivant et que je ressusciterai au dernier jour de la terre. Je serai revêtu de nouveau de mon corps, et je verrai mon Dieu dans ma chair (2) ».

(1) Sag. 3. — (2) 1, Job.

« Je le verrai moi-même et non un autre ; je le contemplerai de mes propres yeux. C'est là mon espérance et elle reposera toujours dans mon sein ». (Id.).

Enfin, ces paroles :

« J'ai entendu une voix qui disait : Heureux ceux qui meurent dans le Seigneur ! (1) »

« O mort, je te serai une mort ; je te serai un mors, ô enfer ! (2) ».

Puis, nouvelle Rachel, c'était l'Église qui faisait entendre, à la vue du massacre de ses enfants, ses accents les plus émus et les plus éloquents.

« Que le gémissement des captifs, disait-elle, pénètre jusqu'à votre présence, Seigneur ; faites retomber sur les ennemis de notre salut sept fois autant de

---

(1) Ps. — (2) Osée.

maux; vengez le sang de vos saints qu'ils ont répandu. O Dieu ! les nations sont venues dans votre héritage. Elles ont souillé votre saint temple ; elles ont fait de Jérusalem une vile cabane (1) »

Et le chœur de répondre :

« Vengez le sang de vos saints, qu'ils ont répondu ».

— « Mes frères, est-il dit dans l'Épître de ce jour, nous ne voulons pas vous laisser dans l'ignorance au sujet de ce qui regarde les morts, afin que vous ne vous attristiez pas, comme font les autres hommes qui n'ont point d'espérance; car si nous croyons que Jésus est mort et ressuscité, nous devons croire que Dieu mènera aussi avec Jésus ceux qui se seront endormis en lui. Ainsi nous vivrons pour jamais avec le Seigneur. Con-

---

(1) Messe des Martyrs.

solez-vous donc les uns les autres par les vérités ».

Ensuite, après l'hymne de la mort, vient la récitation du saint Évangile :

« En ce temps-là, Marthe dit à Jésus : Seigneur, si vous aviez été ici, mon frère ne serait pas mort ; mais je sais que présentement même Dieu vous accordera tout ce que vous lui demanderez ». Jésus lui répondit : « Votre frère ressuscitera ». Marthe lui dit : « Je sais qu'il ressuscitera au dernier jour ». Jésus lui répartit : « Je suis la résurrection et la vie ; celui qui croit en moi, ne mourra jamais. Croyez-vous cela ? » Elle lui répondit : « Oui, Seigneur, je crois que vous êtes le Dieu vivant qui êtes venu en ce monde ».

Puis, après avoir préparé le divin sacrifice, adressé à Dieu de ferventes prières, voilà que la voix du prêtre s'élève :

« Dans tous les siècles des siècles, dit-il ».

Et le chœur de répondre :

« Qu'il en soit ainsi ! »

Alors, comme introduction au mystère redoutable, il s'établit entre le sacrificateur et l'assemblée un solennel échange d'invocations et d'exhortations ; leur chant est grave et doux, et tel serait sans doute le langage des anges sur la terre s'ils pouvaient parler :

Le prêtre : « Que le Seigneur soit avec vous ».

Le chœur : « Et avec votre esprit ».

Le prêtre : « Que vos cœurs s'élèvent au-dessus des choses de la terre ».

Le chœur : « Nous les avons élevés vers le Seigneur ! »

Le prêtre : « Rendons grâce au Seigneur, notre Dieu ».

Le chœur : « Il est juste, il est souverainement juste de le faire ».

Le prêtre : « Il est véritable, juste, raisonnable et salutaire, ô Seigneur si saint ! Père tout puissant ! Dieu éternel, de vous rendre grâce partout et en tout lieu, par Notre Seigneur, votre Christ ; car vous avez placé en lui l'espérance d'une résurrection bienheureuse, afin que si la nécessité inévitable de la mort vient troubler et contrister la fragilité humaine, la foi soit consolée par la promesse d'une immortalité future.

« Oui, Seigneur, pour les fidèles, la vie est changée et non perdue ; et si la demeure terrestre de l'âme est dissoute, une habitation éternelle lui est préparée dans les cieux ; c'est pourquoi, nous qui croyons fermement à cette résurrection, nous vous offrons le sacrifice pour nos frères décédés, afin que ceux qui ont accepté leur sommeil avec foi et résignation reçoivent la grâce magnifique qui leur a été promise. C'est pourquoi, enfin, ô Seigneur, réunis en ce moment aux anges, aux archanges, aux trônes, aux dominations et à toute la milice des cieux, nous chantons l'hymne de votre gloire, disant sans fin : Trois fois saint le Dieu des armées ! Votre gloire remplit le ciel et la terre ! Gloire infinie à celui qui vient au nom du Seigneur ! Gloire à celui qui habite au plus haut des cieux ».

Enfin, vient le moment de l'élévation, où un Dieu se faisant obéissant à la voix d'un homme descend sur les autels pour servir d'aliment à nos âmes. Le prêtre s'en nourrit lui-même ; puis, il en nourrit tous les fidèles assistants.

C'est le moment de l'absoute. « Seigneur, est-il dit, donnez leur le repos éternel et que la lumière immortelle brille à leurs regards ; ô Seigneur, qu'ils reposent en paix ! »

Puis, les vénérables sont descendus dans leur lit de terre.

« Nous rendons la terre à la terre, la cendre à la cendre, la poussière à la poussière, dit le prêtre ».

Et tous successivement d'asperger, en faisant le signe de la croix. Et le prêtre de s'écrier : « Une voix d'en haut fut entendue qui disait : Bien heureux sont les morts ! »

Et tandis que tout le monde s'écoule, la mère de Perpétua, en compagnie de son enfant, du seul enfant qu'elle compte encore, s'arrêta près des tombeaux de sa fille et de son fils chéri.

Elle pleurait, mais c'étaient de douces larmes qui tombaient sur sa poitrine et apportaient le rafraîchissement et la paix dans son âme.

Elle était fière et heureuse, toutes les fois qu'elle dirigeait ses regards vers le

ciel, car elle y comptait deux martyrs !
Mais combien n'était-elle pas profondément affligée alors qu'elle les dirigeait vers la terre !

Là, elle y voyait un infortuné vieillard, en proie au désespoir le plus profond. La grâce n'a pas encore brillé en lui ; c'est pourquoi il ne sait ni comprendre, ni se résigner, ni espérer, ni aimer.

Aussi, avec quelle ferveur, avec quel élan de l'âme, recommandait-elle à ses protecteurs du ciel, ce père, à la fois si chéri et si malheureux !

Et cette prière, semblable à un agréable encens, montait, sans nul doute, jusqu'aux pieds de l'Eternel ; car, soutenue par le suffrage de deux martyrs, elle était articulée par l'amour et ne fondait ses espérances que sur les infinies bontés du Seigneur.

Oui, devons-nous nous écrier avec

eux : « Nous chanterons éternellement les miséricordes du Seigneur ! » Car, à qui bien croit, Dieu certainement pourvoit au-delà de toute mesure et de toute ambition.

## CONCLUSION

Mais l'Eglise, à la vue du massacre de ses enfants, sera-t-elle toujours destinée à élever des cris impuissants vers le ciel ?

N'y aura-t-il pas une heure, dans la vie des nations comme dans celle des individus, où la justice divine tire vengeance de la prévarication humaine ?

Oui, il en est ainsi !

Dieu qui commande à la mer et lui dit : « Tu n'iras pas plus loin ; c'est ici que viendra expirer la fureur de tes flots ». Dieu, dis-je, dispose des événements d'ici-bas avec autant de force que de douceur, et il arrive une heure où il rend à chacun ce qui lui est dû ; une heure où, en voyant éclater ses foudres vengeresses, l'on est obligé de s'écrier : « Laissez, laissez passer la justice de Dieu ! »

Ecoutons le prophète, soulever le voile de l'avenir et, à côté de l'histoire prophétique des persécutions, nous dérouler celle des divines vengeances, comme aussi bientôt celle de ses infinies miséricordes (1).

« Alors vint un des sept anges qui avait les sept coupes, et il me parla, disant : viens, je te montrerai la condamnation de la grande prostituée qui est assise sur les grandes eaux.

(1) Apoc. xvii, xviii.

« Avec laquelle les rois de la terre se sont corrompus, et les habitants de la terre se sont enivrés du vin de sa prostitution.

« Il me transporta en esprit dans un désert, et je vis une femme assise sur une bête de couleur écarlate, pleine de noms de blasphèmes, qui avait sept têtes et dix cornes.

« Et la femme était vêtue d'écarlate et de pourpre, parée d'or, de pierres précieuses et de perles, et tenait en sa main un vase d'or plein des abominations et de l'impureté de sa fornication.

« Et ce nom était écrit sur son front : Mystère. La grande Babylone, la mère des fornications et des abominations de la terre.

« Et je vis la femme enivrée du sang des saints et du sang des martyrs de Jésus...

« Et les sept têtes sont les sept montagnes sur lesquelles la femme est assise...

Et cette femme est la grande ville qui règne sur les rois de la terre ».

« Après cela, je vis un autre ange qui descendait du ciel, ayant une grande puissance, et la terre fut illuminée de sa gloire,

« Et il cria avec force, disant :

« Elle est tombée, elle est tombée la grande Babylone et elle est devenue une demeure de démons et une retraite de tout esprit impur, de tout oiseau immonde et qui inspire de l'horreur.

« Parce que toutes les nations ont bu du vin de la colère de sa prostitution ; et les rois de la terre se sont corrompus avec elle et les marchands de la terre se sont enrichis de l'excès de son luxe...

« C'est pourquoi, en un seul jour viendront ses plaies, et la mort et le deuil et la famine ; et elle sera brûlée par le feu, parce qu'il est puissant le Dieu qui la jugera.

« Et ils pleureront sur elle et ils se frapperont la poitrine, les rois de la terre qui se sont corrompus avec elle et qui ont vécu avec elle dans les délices, quand ils verront la fumée de son embrasement.

« Se tenant au loin, dans la crainte de ses tourments, disant : Malheur ! Malheur ! Babylone, cette grande cité, cette cité puissante ! En une heure est venu ton jugement.

« Et les marchands de la terre pleureront et gémiront sur elle, parce que personne n'achètera plus leurs marchandises.

« Ces marchandises d'or et d'argent, de pierreries, de perles, de fin lin, de pourpre, de soie, d'écarlate, et tous les bois odorants, tous les meubles d'ivoire, et tous les vases de pierres précieuses, d'airain, de fer et de marbre.

« Et le cinnamome, de senteurs, de parfums, d'encens, de vin, d'huile, de fleurs de farine, de blé, de bêtes de charge, de brebis, de chevaux, de chariots, d'esclaves et d'âmes d'hommes.

« Quant aux fruits si chers à ton âme, ils se sont éloignés ; tout ce qu'il y a d'exquis et de splendide est perdu pour toi, on ne le trouvera plus.

« Ceux qui lui vendaient ces marchandises, et qui se sont enrichis, se tiendront éloignés d'elle dans la crainte de ses tourments, pleurant, gémissant,

« Et disant : Malheur ! Malheur ! Cette grande cité, qui était vêtue de fin lin, de pourpre et d'écarlate, parée d'or, de pierreries et de perles !

« En une heure ont été anéanties de si grandes richesses, tous les pilotes, tous ceux qui naviguent sur le lac, les matelots et tous ceux qui font le commerce sur la mer, se sont tenus au loin,

« Et ont crié, voyant le lieu de son embrasement, disant : quelle cité semblable à cette grande cité ?

« Et ils ont jeté de la poussière sur leurs têtes, et ils ont poussé des cris mêlés de larmes et de sanglots, disant ; Malheur ! Malheur ! Cette grande cité, dans laquelle sont devenus riches tous ceux qui avaient des vaisseaux sur la mer ! En une heure elle a été ruinée.

« Ciel, réjouis-toi sur elle, et vous aussi, saints apôtres et prophètes, parce que Dieu vous a fait pleinement justice d'elle ».

« On voit bien quelle est cette femme, quelle est cette ville qui, au temps de saint Jean, avait la souveraineté sur tous les rois de la terre et était assise sur sept montagnes. C'est, évidemment, Rome idolâtre, Rome persécutrice, Rome enivrée du sang des martyrs. La bête sur laquelle elle est assise est l'empire romain... La bête est couleur d'écarlate ; c'est le sang de l'univers qu'elle a subjugué et le sang des chrétiens qu'elle égorge. La femme est vêtue de pourpre ; c'est la couleur des empereurs et le vêtement solennel des principaux magistrats romains. En sa main est une coupe d'or... ».

« La coupe d'or que tient Rome idolâtre est pleine de l'impureté de sa prostitution et de son idolâtrie dont elle empoisonnait toute la terre (1) ».

« Tout le monde convient que l'incen-

---

(1) ROHRBACHER, IV, 533 3ᵉ édit.

die de Rome par Alaric et la chute de l'empire persécuteur, ont été merveilleusement décrits en ces pages, quatre siècles à l'avance, par l'exilé de Pathmos récemment échappé à la fureur de Domitien (1) ».

Prêtons encore l'oreille à ces accents : l'apôtre, nous transportant dans le ciel même, nous fera entendre les cantiques des saints sur la ruine de la grande prostituée, c'est-à-dire de Rome elle-même. Il nous donnera aussi d'assister à leurs chants de triomphe :

« Après cela, dit-il, j'entendis comme la voix d'une grande multitude dans le ciel, disant : Alleluia. Le salut, la gloire et la vertu sont à notre Dieu (2),

« Parce que ses jugements sont véritables et justes ; qu'il a fait justice de la

---

(1) DARRAS. Hist. Egl , vi. — (2) Apoc. xix.

grande prostituée qui a corrompu la terre par sa prostitution et qu'il a vengé le sang de ses serviteurs répandu par ses mains,

« Et une fois ils dirent : Alleluia. Et sa fumée monte dans les siècles des siècles.

« Alors les vingt-quatre vieillards et les quatre animaux tombèrent et adorèrent Dieu qui est assis sur le trône, disant : Amen, Alleluia.

« Et une voix sortit du trône, disant : louez notre Dieu, vous tous ses serviteurs et vous qui le craignez petits et grands ».

« J'entendis encore, comme la voix d'une grande multitude, comme la voix des grandes eaux et comme de grands coups de tonnerre, qui disaient : Alleluia ; il règne le Seigneur notre Dieu, le Tout-Puissant.

« Réjouissons-nous, tressaillons d'allégresse et donnons-lui la gloire, parce que elles sont venues les noces de l'Agneau et que son épouse s'y est préparée.

« Et il lui a été donné de se vêtir d'un fin lin, ce sont les justifications des saints.

« Il me dit alors : Ecris : Bienheureux ceux qui ont été appelés au souper des noces de l'Agneau. Et il ajouta : Ces paroles de Dieu sont véritables ».

---

Nous recourons à vous, bienheureuse Perpétua, intrépide martyre du Christ ; nous, les exilés, les fils d'Eve, gémissant et pleurant dans cette vallée de larmes.

Oh ! que de précieux enseignements ne trouvons-nous pas dans votre vie !

Nous l'avons déjà dit, nous le répéterons à cause de son importance :

Le jour où vous fûtes plongée dans les eaux régénératrices du baptême, vous eûtes l'inspiration d'offrir toutes vos souffrances, à la fois si cruelles et si nombreuses, pour obtenir la vertu providentielle de patience. Et, en retour, quelle merveilleuse transformation ne s'opéra pas en vous :

Votre obscure prison devint alors éclatante ; vos chaînes, semblables à celles de Paul, furent plus précieuses que les plus brillantes couronnes des rois et des empereurs : le calice d'amertume qu'il vous fallut épuiser jusqu'à la lie, tenta votre ambition et excita vos plus ardents désirs ; favorisée d'un ravissement, vous pûtes à bon droit vous écrier : « Heureuse sur la terre, je le suis plus encore aujourd'hui ! »

Voilà la pierre philosophale toute trouvée, sinon dans l'ordre naturel, où elle est encore un problème, du moins dans l'ordre surnaturel. Elle change les choses les plus apparemment viles : les souffrances, les persécutions, les faiblesses même, en l'or le plus pur. Après nous avoir faits heureux ici-bas, elle nous rend plus heureux encore dans la patrie céleste.

Or, ce miracle est accompli par la patience octroyée d'en haut !

Chose extraordinaire ! Les saints se croyaient de grands pécheurs, et ils pensaient n'avoir jamais d'épreuves au-delà de leur mérite et de leurs désirs; et nous qui, en réalité, sommes de grands pécheurs, nous voudrions, dès ici-bas, être traités par la Providence divine comme de grands saints parvenus déjà au lieu de la récompense.

Acceptons, dès lors, avec résignation, sinon avec joie, c'est là notre prière, ô généreuse héroïne, acceptons toutes les croix, aussi pesantes soient-elles, que Dieu nous impose, conformément aux décrets de sa justice et de sa miséricorde.

Comportons-nous, ainsi parle le poète, non comme le serpent qui, se nourrissant du suc des fleurs, change tout en poison mortel, image du pécheur impénitent ; mais comme l'abeille, laquelle convertit cette même nourriture en un nectar aussi suave que doux, aussi parfumé que substantiel, figure du pécheur repentant (1).

De grâce, n'imitons pas la conduite des Israélites dans le désert, lesquels, comblés des bienfaits de Dieu, continuaient néanmoins à murmurer contre lui ; mais imitons plutôt Augustin pénitent, lequel s'écriait :

(1) Metastasio. — Massime.

« Seigneur, blessez, coupez, brûlez ici-bas, pourvu que vous nous épargniez dans le sein de l'éternité ».
Ainsi soit-il !

## FIN

# TABLE DES MATIÈRES

|  | Pages |
|---|---|
| Préface | 1 |
| Ch. I. L'édit | 5 |
| — II. Prières aux Catacombes | 17 |
| — III. Perpétua chez Anastasia. Extases. | 29 |
| — IV. Entretiens : La Religion un devoir. | 44 |
| — V. De plus, un avantage | 57 |
| — VI. Premiers martyrs scilicitains | 67 |
| — VII. Trahison | 77 |
| — VIII. Incidents divers | 92 |
| — IX. Relation de Perpétua, 1re Vision | 104 |
| — X. — 2e Vision | 118 |
| — XI. Dinocrate | 129 |
| — XII. Machinations | 135 |

## TABLE DES MATIÈRES

|  | Pages |
|---|---|
| — XIII. Doigt de Dieu. Châtiment | 143 |
| — XIV. 3ᵉ Vision | 152 |
| — XV. Le Viatique | 162 |
| — XVI. Vision de Satur | 173 |
| — XVII. Supplice des Martyrs | 185 |
| — XVIII. Réflexions sur ces glorieux Martyrs | 193 |
| — XIX. Pudens et Anastasia | 201 |
| — XX. Sépulture | 206 |
| Conclusion | 218 |

Typ Ducaux, Persan-Beaumont (S.-et-O.)

www.ingramcontent.com/pod-product-compliance
Lightning Source LLC
Chambersburg PA
CBHW060128170426
43198CB00010B/1079